防狼天书

凌剑刚 著

天津出版传媒集团
天津科学技术出版社

图书在版编目（CIP）数据

防狼天书 / 凌剑刚著. — 天津 ：天津科学技术出版社，2013.8

ISBN 978-7-5308-8204-7

Ⅰ. ①防… Ⅱ. ①凌… Ⅲ. ①防身术－基本知识 Ⅳ. ①G852.4

中国版本图书馆CIP数据核字(2013)第179391号

本书中文简体版的出版发行由香港万里机构出版有限公司授权

著作权合同登记号　图字：02-2013-122

责任编辑：范朝辉　李荔薇

责任印制：王　莹

天 津 出 版 传 媒 集 团

天津科学技术出版社出版

出版人：蔡　颢

天津市西康路35号　　邮编 300051

电话：（022）23332390（编辑室）

网址：www.tjkjcbs.com.cn

新华书店经销

北京和谐彩色印刷有限公司印刷

开本 880×1230　1/32　印张 4.25　字数 50 000

2013年8月第1版第1次印刷

定价：30.00元

防狼导师凌剑刚

凌剑刚，香港警务处退休高级督察。他任职警队28年，多次署任总督察，大部分时间驻守前线单位，曾担任巡警、冲锋队、蓝帽子、特遣队、刑事侦缉组、杂项调查组、报案室值日官、警署副署长及署长等，在香港、九龙、新界及离岛皆驻守过，实战经验丰富，接触面亦甚广，还曾担任警校教官，是一位具备执法、管理及培训专长的警官。

他曾任警队遇抗控制技术教官，习练多派中国功夫及空手道，具备跆拳道黑带资格。退休后，曾任某著名地产商贴身保镖及保镖队长。现在剑桥大学进修应用犯罪学及警政管理硕士课程，具备高水平的武术造艺和防卫能力，是一位理论与经验兼备的警察作家。

曾经处理及接触过20多宗非礼及强奸案件，他不希望身边任何认识的女士成为性罪行的受害者。在过去三年，他通过讲座和培训分享案例及经验、介绍女子防卫理论、示范和传授简单且实用的突击自救技术，让女士们学习这套终生受用的防卫自救理论和技术。从2009年至今，凌先生曾为九龙医院职业治疗部治疗师、郊野义务搜索队队员、岭南大学毅进纪律部队、调景岭真道书院的家长及学员、顺安村善一堂安逸幼儿园老师家长、信义会沙田多元化老人社区服务中心的职工及社工、中文大学专业进修学院的学员、雄师培训中心的学员等进行了培训，受训人数超过一千人次。

学员反馈

老人中心服务员芳姐：“我曾在工作期间被院舍内的80岁老人家当众摸屁股，我骂他时还嬉皮笑脸，所有职员都不知道该怎样处理。后来，中心姑娘邀请凌先生为我们进行了培训。我学会了保护自己的方法，并且知道被侵犯之后应表现出什么态度，其后妥善地处理了那个老人家侵犯我的事情。现在全院都没有人再敢侵犯女性了。”

社区送饭员珍姐：“我们经常独自送饭给独居宿舍的老人家。曾经有位老人家倚老卖老地对我揽腰抚摸，我不懂得如何应付，推开他放下饭盒便匆匆离开，但是对方得寸进尺，每次送饭时继续侵犯我。接受了凌先生的培训之后，我决定报警处理，但警员竟然劝我放过那位“年纪老迈、时日无多”的色狼！我告诉这名警员，凌先生教过我们受到侵犯绝不能退缩，后来警员只好介入了，老人家被警诫之后再没有侵犯我了。”

白领丽人 Connie：“我年幼时曾在车上被色狼抚摸身体，我惊吓到浑身发软不敢看色狼一眼。得知凌先生开办了这个防狼培训，我立刻带着两名女儿一同接受培训。课程内容十分实用，针对了所有女士会遭遇的情况而一一教导应对方法。经过八个小时培训之后，我们三人都掌握了防卫自救的方法，还完成了测试，最后还要证明自己能够学以致用才能离开课堂回家。没想到两个女儿的表现比我更好啊！”

留学英国学生 Winnie：“离港前接受了凌先生的培训，到达英国之后果然感到留学生是高危一族，很多男同学在第二次约会时就会提出上床的要求，行为有如色狼般胡来，被拒绝之后还厚着脸皮地死缠不休。多亏听了凌先生的教导我才能镇静应付，使对方知难而退另选对象。我现在还建立起了一个支援网络，出入时采取了预防的措施，家居的保安措施也加强了，每天不用提心吊胆地生活了。凌先生的这个培训值得推荐。”

目录

contents

目录

contents

序章

一切从预防开始

纠正自卫观念

当我们见到女儿日渐成长，她们开始有自己的社交圈子时，身为父母的我们，肯定会为女儿在外的安全问题担心。不在妻子和女友身边的时候，身为丈夫和男友的我们，难免也会为心爱的女人而担忧！但是，基于本身的知识和能力所限，不能为身边最关心的人提供有力地保护，这份无力的感觉，相信长期困扰着不少有心的人！

不知道而不会预防

“预防胜于治疗”这句至理名言可说是无人不知。然而，在现实世界里，不知道有危险的女士又怎会采取预防的措施呢！我处理过的案件中，不少受害者身处危险的环境中而全然不自知，当遇上色狼时便出事了。

不相信而不会预防

父母及好友经常苦口婆心地劝告女儿或女友小心提防，但是不幸的事情还是发生了。原因是女儿或女友不相信对方的话，认为对方只是以讹传讹、危言耸听，阻止她们的社交活动和行动自由。还有一些受害者不相信那些不幸的事情会发生在自己的身上，从而不会采取预防的措施。

缺乏危机意识而不会预防

香港和大部分国外的城市都十分安全，在习惯成自然之下，女士们都普遍缺乏危机意识。在家如是、在办公室如是、外出如是、社交时如是，都不会采取任何预防的措施，将自己暴露在危险的境地而不知道，当不幸的事情发生在自己的身上时，又不懂得如何处理而任由对方摆布。

真实案例才能让人信服

警察有机会接触各种形式的犯罪，会用真实案例忠告人们如何预防犯罪的发生，例如一些法治节目。他们较其他人更有说服力，能够使人们信服，从而采取预防罪恶发生的措施。本人将通过这本天书，与大家分享从警28年的专业知识及宝贵经验，并教导女士们回避危险和学习防卫之法，万一在受袭的时候能够以自救之术脱身，在不幸的事情发生之后学会保留证据以指控色狼。

执笔行文之时，本人最担心的是在指导善良的人们时却教精了坏人。因为坏人在打歪主意时脑子都比好人灵巧，所以我在选材及落笔时都十分小心，只能在极有限的范围内指导各位善良的女士保护自己。希望通过这本书，帮助社会中积极主动的人们装备自己，从而去保护身边的女士、亲友及其他人，教会身边最亲爱的女士们防狼自救之法，然后一传十、十传百，受惠的女士将会逐日增加。至于其他较为敏感的案件内容和防护技巧，只能留待在培训班中当面传授各位女士了。

色狼当道，一般人都会建议女士们学习自卫术保护自己或购买防狼器具防身。笔者从一开始习武，数十年以来在各种武术的熏陶之下，在遇袭和在执法期间遇到反抗时，确实能够凭借武技来保护自己和制服对方，但这是经过长期训练方能达到的结果，对于那些短期速成的自卫术培训，其成效笔者是颇有保留的。

对于习武自卫的成效，大家必须认清一个事实——力量来自肌肉，肌肉越发达力量便越大。任何哺乳类动物的雌雄两性，肌肉的结构和发达程度都存在差异。自然界的定律是由雄性负责猎食和传宗接代，所以雄性需要更强的力量来进行攻击和制服猎物。在传宗接代时，雄性还需要击退其他同性，然后再驯服异性才能顺利交配。人类也不例外。男女的肌肉结构和发达程度都存在差异，所以在体能方面存在着极大的差距。

男女体格及力量悬殊

肌肉除了是力量的根源，更是保护身体器官的“护甲”。拳脚击打在坚实的胸腹肌肉上，绝对不能达到击倒侵犯者的效果。反之，脂肪比肌肉发达的女性，身体被拳脚击打时，器官更易受到伤害而丧失反抗的能力。

在武术培训的过程中可以发现，具备同等资历的男女学员，在进行木板和砖头的击破训练时，往往是男学员的破坏能力远远强于女学员。在搏击和擂台比武时，男女都是分别比试的，原因就是男女的力量存在差距，混合比赛便不公平了。就算是同性比赛，也会根据体重来分级，否则身体较重、肌肉更发达的人，胜算将会较高。以上信息表明，身形较瘦小的女士们，是不能与身材较高大的色狼对抗的！

其次，在现实生活中，往往是色狼选择受害人下手侵犯，他们会通过观察和试探，向比自己柔弱的女士下手。以同门习武的侵犯者为例，色狼都会打实力较差的师妹的主意而不会冒险侵犯师姐！从另一个角度来说，大部分受袭的女士都对色狼的底细一无所知，无法掌握色狼的实力，明显处于劣势！

主动胜被动

最后一个不能忽视的重点是“主动往往胜被动”。在侵犯者突袭时，不要说是纤弱的女性了，就连训练有素和全副武装的男性巡警或军人，也会被突袭者击倒或制服呢！

男女两性除了上述的差距外，女士们还需认知自身在心理和生理上的现象。当惊慌的时候，她们会面青头晕，继而全身发软，脑海变成一片空白，甚至喉咙的肌肉会僵硬梗塞以致不能发声，只能呆若木鸡地望着袭击者，不知所措地任由对方摆布。

还有一点大家可能不知道，不少被强奸者在反抗时曾被色狼打得变成了“猪头”，说明粗暴的男性绝不会怜香惜玉，在使用暴力时，其破坏力是非常恐怖的。

羊猴岂能敌虎狼。所以，笔者不会建议女士们习武防身，只会如猴妈妈教导小猴般，提醒它们留在树林，有危险时立刻爬到树上，绝不会传授“猴拳”让小猴与虎狼对战。羊妈妈也不会教导小羊们用小角撞击虎狼，只会教导它们留在羊群之中，由成年羊群提供保护，小羊们绝不能单独离群，暴露在危险之中。

总结以上各点，以暴制暴，学习“自卫术”防狼自救绝对不是可靠之途。应该如小猴、小羊们一样，认识自己的长短处，学习本书教授的“女子防狼自救术”来保护自己才对。

女性的身体较男性脆弱，在男性侵犯者突袭时，自然难以保护自己。

女子防狼自救术理论

其实，在充满各式罪恶的社会，无论男女老少都需要学习“防卫自救术”以保障自己的人身和财物安全。虽然本书介绍的是“女子防狼自救术”，但就整个系统设计而言，基本上这套理论和技术是适合任何性别年龄的人士作参考的。只是在选择案例和分享应变细节时，会针对女性的特殊需要来作出指导，因而未必完全适合男性使用。

自救五大层次

“女子防狼自救术”分为五个层次：预防、警觉、主动、突击、逃离。其中以预防为主，以逃离为最终目标。在已知的危机下做出预防，回避可能发生的危险情况，不让自己成为罪恶的受害人。警觉、主动和突击只是为了逃离而采取的手段，不是纯粹以武力来保护自己的系统。

当预防工作做得好时，可以避免不幸的事情发生在自己的身上。但是，正如本人在序言中所说：“不知道就不会预防、不相信就不会预防、缺乏危机意识也不会预防，只有多宣传让人信服的事实和紧贴实际情况的资讯，女士们才会做出适当的预防措施”。

如果女士们不做预防，或者预防工作做得不好，危机便有可能出现在身边！当然，女士们警觉性高的话，也可以及早发现危机而做出回避。因此，无论在任何情况下，女士们都应该提高警觉，留意身边出现的人和事，当感觉情况有异常时，应立刻随机应变地逃离。

然而，警觉性是需要锻炼才能提升的。一般受害人往往是在全然不知的情况下受到袭击或侵犯，然后在不知所措的情况下任由色狼为所欲为！这个防狼自救系统会指导大家在冷静下来之后，将“被动”的情况转变成为“主动”的情况，制造机会或等待机会出现时逃离。如果不使用武力就不能逃离，逼不得已之下就需要果断地做出突击，将对方击倒之后逃离。

本书的内容将会就预防、警觉、主动、突击、逃离五个层次逐一与大家深入分享。

性犯罪无处不在

为何男人会变成色狼呢？其中一个原因是社会不良风气所致。很多男人在色情资讯的诱惑下，脑海中充满色情的遐想，只要犯罪环境和犯罪元素配合“猎物”的出现，心中的魔鬼便会引诱这些男人犯罪。由于色胆包天，任何男人在僻静的角落，加上美色当前，女性的体香、心魔的驱使、艳遇的幻想，定力不够的话，就可能会逐步测试近在咫尺的那位美女的底线，期望艳遇真的降临。当期望与现实存在差距时，便变成侵犯行为了。

受人性本能的驱使，任何围绕在身边的男性都有可能成为侵犯自己的色狼。过去20年发生在香港的案例便是铁证，犯案者包括亲父、继父、亲兄弟、其他亲人、朋友、密友、同事、同学、牧师、法师、师傅、师兄弟、老师、补习老师、校长、上司、医生、护士、警察等等，甚至同性的人也会侵犯或协助他人侵犯受害人！

性罪行可说是无处不在。当犯罪元素配合环境时，任何有人的地方都会成为侵犯女性的场所，不单是两人独处的场合，就是人潮涌动的街头、挤得水泄不通的车厢、神圣的教堂、最安全的警局、最放心的家居……全都曾经发生过性罪行！

在色情资讯泛滥的年代，男性容易受到影响。

在僻静的角落，独行的女性最易成为色狼的目标。

严重的禁锢性侵行为如强奸、轮奸、鸡奸等经常发生。去年，在英国发生的一宗禁锢强奸案，受害人在九个月之后才成功逃脱。被禁锢期间每天被逼“接客”，最多的一天接客多达九名。多年前，在内地某山区被公安局解救了的多名受害人表示，她们都是在街上被捉走“卖”往山区，直至产子之后才获救！

世上是否任何人也不能信任？世上是否已经没有安全的地方？当然不是。只是大家不要再盲目相信别人的身份、外表、专业、名声而掉以轻心，加上学习防狼之道，将注意力放在对方的行为上，预防性罪行发生在自己身上。无论身处什么地方，都要时刻提高警觉，留意身边人的异样，当发现危险信号时主动回避和做出适当的反应和保护措施，让不幸的事情擦身而过，就能避免成为下一位受害者！

第一章

公共场所防狼篇

地铁上猖獗的非礼行为

相信大家每天都会乘坐地铁和公共交通工具。每年这些交通工具内发生的非礼案件都位于非礼案件案发地点之首位！以下列举了一些典型的地铁非礼案件。

真实个案

在拥挤的地铁车厢中，一位白领丽人被挤压在车厢中间的扶手钢柱位置无法动弹，她的身体与四周的陌生男士们紧紧地贴着。在列车行驶期间，她身后的色狼利用列车的惯性晃动，用下体碰撞丽人的臀部。一开始，丽人不能肯定对方接触自己的身体是有心还是无意，因而没有反应。当色狼的侵犯动作越来越频繁时，丽人肯定了对方是有意侵犯，但她在那一刻却惊慌得不知所措，呆若木鸡地站着任由色狼侵犯！色狼在“猎物”没有反抗的情况下得寸进尺，更加肆无忌惮。这位白领丽人连回头看色狼一眼的勇气都没有，更别说呼叫和报警了！当列车到达下一个车站时，丽人慌忙“逃”出月台回避该色狼。当裙子后面出现濡湿的感觉时，丽人赫然发现裙子上沾着一滩白色“糊状物体”，惊吓得只好请假回家沐浴更衣。

所谓“上得山多终遇虎”。另一色狼在使用相同“伎俩”时，被站在受害人旁边的一位年轻乘客察觉，年轻乘客将色狼制服后报警处理，由哑忍受辱的受害人向赶到现场的警员指证色狼。该色狼在警员搜身时，裤裆已经湿了，发现有大滩精液！铁证如山，色狼当然无从狡辩了。

地铁是发生非礼案的高危地点！

近年来，警方已加强了地铁的防狼行动，在出行高峰时间会派出便衣警察搜捕色狼，当中还拘捕过一名休班警员！这名被捕的休班警员坦承并非第一次在车厢中非礼女性了，他已将非礼女性变成了个人的嗜好。他在被捕之后，透露了自己一厢情愿的想法：万一他的劣行败露，有乘客出手相助受害人时，他可以利用警察的身份威吓对方而脱身；如被警员截获，也可以利用同事的身份而恳求同僚放他一马，所以他心存侥幸、有恃无恐地不断犯案。结果，这个地铁色狼、警队的"害群之马"，最终还是被铁面无私、秉公办事的探员拘捕，并且送交司法机关。

女性受到侵犯时，会因惊慌而导致脑海变得一片空白。

上述地铁非礼案件反映了以下现象。

当女性受到侵犯时，惊慌会导致头晕、全身发软、喉咙梗塞等生理反应，受害人的脑海内会变得一片空白，完全不知道应该做出怎样的反应。虽然车厢内挤满了乘客，前后左右都站满了人，但是受害人一样会默不作声，让色狼为所欲为之后“饱食远扬”！

色狼在拥挤的车厢内进行的恶行，其实附近的乘客也能察觉出来，只是受害人没有不满的表示，旁人会怀疑受害人是否“默许”其身后“男友”的“亲密”行为呢？既然受害人没有表示，旁人当然不便“多事”了。

只要受害人勇于面对侵犯者，表现出不满的反应，身旁的乘客们是会伸出援手的。

当接到报警电话后，警员会在下一个车站等候，列车进站之后就会将侵犯者擒拿，色狼绝对逃不掉的！

多数受害女士不敢求助

曾有调查显示，406名接受访问的女性中，66.8%的人曾在乘坐公共交通工具时被非礼，事发地点以地铁最多(占42.3%)，其次分别是巴士(38.2%)及小巴(6.7%)！最让人吃惊的是，95.6%的受害人没有向司机或乘客求助，即使4.4%的受害人当时敢于对侵犯者表示不满，34.4%的乘客或行人也只是以目光注视而没有其他反应，28.9%乘客或行人更是视若无睹、听而不闻、装作没有看见。这些反应鼓励了色狼在公共交通工具中公然侵犯女士。虽然有3%的乘客或行人在受害人有所表示时协助指责色狼，但是在绝大部分情况下，色狼们在非礼完受害人之后能从容地离去，难怪在挤满乘客的公共交通工具内的非礼行为如此猖獗了！

地铁防狼应变之法

据香港警方数字显示，2007年的头10个月在地铁内发生的非礼案，较2006年同期劲升100%。消息还透露，上下班的繁忙时间是地铁上发生非礼事件的“高危期”，而金钟至尖沙咀一段地铁线，更是“高危路段”。因为路程较长，色狼会利用这个机会侵犯挤压在身前的女士。很多受害人因受惊和羞愧，在被侵犯时哑忍，让色狼为所欲为，事后也没有举报。地铁警方估计有近八成事主没有举报，这纵容了色狼不断重复犯案，去伤害其他女士们。

金钟至尖沙咀的地铁线，在上下班繁忙时间属“高危路段”。

应选择人流较稀疏的位置上车。

若四周全是男性，应换个位置。

受现实所迫，就算我们明知地铁是最高危的非礼地点，我们也不可能不乘搭地铁。所以，关键在于“预防”。就预防而言，女士们应该从离家出门的一刻就开始筹划，最迟也要在地铁站台上采取适当的行动，以减少被色狼侵犯的机会。例如：

1. 提早上班及稍迟下班，便可以避开地铁的“高峰期”了。
2. 在拥挤时段绕行“高危路段”，这也是一种积极的方法。
3. 在进入地铁站台时，选择离开行人电梯和升降机较远的位置等候地铁，站台上的这些位置和相应的地铁车厢，乘客都较稀疏。
4. 候车时应靠近女士们，如果四周全为男性，应换个位置。
5. 任何时间站立时都宜侧身，留意身后的男士，如该男士神情表现有异，就让他先进入车厢，自己改乘下一班列车好了。

选择车门两旁位置背靠站立。

两列车厢的连接位置。

色狼有异样

色狼在地铁车厢内侵犯女士之前会选择好目标，所以女士们只要提高警惕便不难察觉色狼们的异样。警察也是通过观察来找出人群中的可疑色狼。

首先，色狼会在地铁站台上扫视寻找猎物，然后接近对方，在其身后等候列车，当列车抵达后便随对方一起进入拥挤的车厢，继而在车厢里侵犯对方。

1. 进入车厢后，选择靠边站立的位置(包括车门两旁和两个车厢的连接位置)，或尽量挤到乘客座位的前面，减少在拥挤时与其他乘客的身体接触面。
2. 与女士们互相靠拢照应。
3. 当有男士靠近自己时，可将手中物件如手袋等放在中间相隔。

只要做好预防工作，遇到色狼的机会就会大大减少，但是百密也有一疏，色狼可能在你没有察觉时“埋伏了起来”！所以女士们进入拥挤的车厢后，要提高警惕，留意身边的男士。从警惕这方面来说，女士们可以采取下列措施保护自己。

凌SIR的教导

要让色狼知难而退

当你感到有人在身后有意无意地触碰自己的臀部时，应原地转身90°，用肩膀顶着对方的胸部，这样，对方的下体便只能接触到你的大腿了。同时，还应该直视对方，让对方觉得你并不是一个怕事的人而有所收敛。如果色狼仍旧无耻地重复之前的行为，触碰你的身体，这时就需要鼓起勇气大声质问对方：“你干什么？”，这样做除了表达自己的不满、吸引大众的目光外，还可以让色狼在众目睽睽的压力之下知难而退，离开你身旁的位置。

针对“面对面”挤压你的男士，为了保护胸部和下身不被侵犯，可以原地转身90°用肩膀顶着对方的胸部，以解除彼此尴尬的困境。

女士用肘部顶着男方的胸部，双眼直接望着对方。

地铁捉狼有法

色狼在犯案之前和犯案期间的异样表现，只要稍加注意，通过鉴貌辨色不难察觉。无论是男乘客或女乘客，当发觉身旁的女士露出惊慌神情时，可以主动询问受害人是否需要帮忙，向她伸出援手。

现在差不多每个人都有一部手机，当110紧急报案中心接到来自地铁的报案电话时，除了会指派下一站的警察赶往站台“恭候”列车之外，还会通知地铁控制中心，指示涉事的列车司机减速，并且延迟进站的时间。乘客们还可以按动列车内的紧急制动按钮，通过通话机通知列车司机报警。与打电话报警一样，警察会在接到报警后数分内抵达站台。当列车司机接到警察抵达的通知时，才会进站和将车门打开，让警察像“瓮中捉鳖”般将色狼拘捕。

色狼都是无胆鼠辈

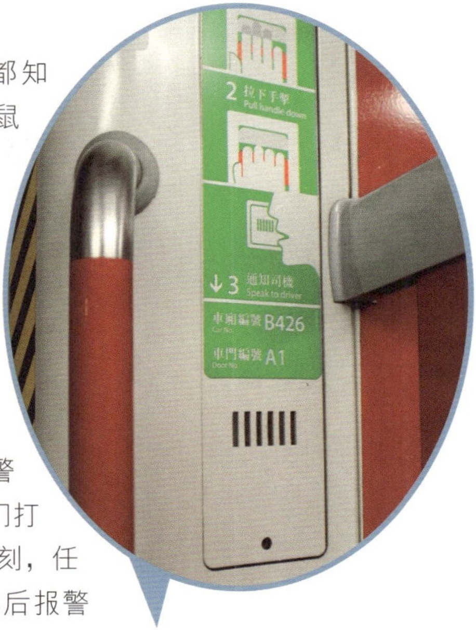

使用紧急制动按钮通知列车司机。

曾经拘捕过色狼的警察都知道，绝大部分色狼都是无胆鼠辈。他们只敢暗地里欺负柔弱的女性，遇到受害人反击或乘客们群起对付他们时，他们心理上所受到的冲击将十分巨大，部分色狼们还可能会精神崩溃而即时求饶呢！

如果列车已经进入站台，受害人或协助的乘客来不及报警或通知司机，色狼正准备在车门打开时离开，在这千钧一发的时刻，任何人都可以将色狼先抓住，然后报警处理。

无须与色狼争论

无论是受害人或协助的乘客，都无须与色狼交谈或争论，只需在报警电话接通之后，告知接线员发生了非礼事件，列车正从哪一个站前往某站，你身处的车厢编号和车门号码等。当车门打开时向警员招手，并且指出谁是色狼，交由警察进行拘捕。

当报警之后，任何人都不能离开事发现场，如果有人坚持离开、移动或吵闹，此人必有问题，大家应合力制止他，将他交给警方处理。

“捕狼”需要市民的共同参与

市民有权拘捕色狼吗？

根据香港特区法例第221章，刑事诉讼程序条例第101(2)条“罪犯的拘捕”规定，任何人无需手令，皆可逮捕任何他合理地怀疑犯了“可逮捕罪行”的人。而“可逮捕罪行”是指该罪行的法定刑罚是监禁12个月或以上。

根据香港特区法例第200章刑事罪行条例第122条“猥亵侵犯”(通称为非礼)规定，任何人猥亵侵犯另一人，即属犯罪，一旦经过公诉程序定罪，可处监禁10年，所以任何人都可以行使“市民拘捕权”拘捕色狼。

这条法例指出，“任何人”猥亵侵犯“另一人”都属违法，所以受害人包括男性和女性。同时，女性也可以指控非礼自己的男士及女士，只需证明其行为是猥亵侵犯即可。曾有一位知名男士在的士内分别非礼了两名男性的士司机，最后也是引用这条法例进行检控。

在香港，市民有权逮捕任何他合理地怀疑犯了“可逮捕罪行”的人。

"猥亵侵犯"包括两个元素：猥亵和侵犯。猥亵带有色情成分，例如触摸女士的私隐部位或做出下流的行为；而侵犯是指受害人不同意甚至是拒绝接受的行为。如果该项侵犯行为不是猥亵，便不属非礼，警方将会考虑以其他侵犯之罪行起诉。

事实上，女方感到被猥亵侵犯便可以举报被对方非礼，但只有一次的接触，有可能是纯属意外的无心之失，很难证明是色狼存心非礼的，除非连续地出现侵犯行为。例如多次触碰女士的臀部，才能构成表面证据。然而，以下的行为，基本上发生一次就足已举报对方非礼了。

1. 用五指或掌心触摸女方的私隐部位。
2. 用肢体或物件接触女方的乳房及下体。
3. 将勃起的阳具压在女方的身体上。
4. 用色迷迷的眼神看着女方，并故意用身体的任何部分摩擦女方的身体。
5. 用色迷迷的眼神看着女方，并用手玩弄自己的性器官。

多人报警不浪费警力

现在不少在地铁内发生的非礼案，都是由几名乘客协助受害人将色狼拘捕后才报警交给警方处理的，其他一些乘客也不要坐视不管，有能力者可以出手协助制服色狼，能力较次者可以协助致电报警，切勿以为其他人会有所行动而变成没有人行动。当110紧急报案中心重复接到已经报过案的事件时，接线生会礼貌地告知你已经收到报案，事件正在处理之中，所以就算多人报警也不会浪费警力。

大部分手机都有拍摄功能，当发现色狼作案时，可暗中将对方的行为拍摄下来作为罪证。当有人协助抓色狼时，其他人可以将整个过程拍摄下来作为证据，然后交给警方参考。

男士们英雄救美，有可能因此而赢得异性垂青，遇上一段好姻缘哦！

保存非礼的相关证据

在法治社会，我们依据法律来制裁色狼，因此受害人不能因为任何个人理由而将这些社会败类轻易放过了事，否则对方不但不会改过，还会认定你可欺，再觅机会侵犯你。

基本上，举报色情罪行相对容易。因为无需其他证据，单凭受害人的指控，警方就可以立刻拘捕疑犯，然后进行调查。但能否搜集到足够证据起诉色狼和能否在法庭上将色狼定罪则是后话。

原则上受害人报警之后只需提供一份详尽的口供，无需其他佐证。在合情合理的情况下，除非对方能提出反证，警方调查之后便会将色狼移交司法机关，提交法庭审讯。

事实上，警方在调查时会考虑案件是否存在误会，受害人是否神经过敏或诬告对方等，因而检控非礼的比率相对于其他刑事罪行会较低。为了公平起见，除了受害人单方面提供的证据外，警方还会考虑“环境证据”及其他证人的证供，必要时会搜集其他“佐证”，以做出公正的判决。

环境证据是指案发时的环境因素，包括时间、地点和当时的情况等因素。以地铁非礼为例，色狼当时是否正在上班，他接近受害人时的移动路线是否正常，他的出现是刻意还是偶然等。

接触过的衣物作鉴证

其他佐证包括接触证据，以现今的科技水准进行科学鉴证的话，可以做到铁证如山，让罪犯无从抵赖。如果衣物有接触的话，衣物的纤维会粘连到对方的衣服布料上。因此，受害人需要与警方配合，即时换下衣服，将案发时与色狼接触过的衣物交给警方保存和鉴证，警方也会让疑犯换下衣服作鉴证，并且保存好作为呈堂证物。

如果色狼曾经用手掌或手指触摸女方的身体，手上的油脂会在受害人的衣物甚至皮肤表面留下掌纹和指纹，在警方鉴证时将

色狼与受害者的衣物有接触的话，衣物上的纤维会互相粘到对方的衣物上。

会显露无遗。

如果色狼在受害人的衣物上留下了精液，鉴证之后可以提取脱氧核糖核酸(DNA)作为证据，供日后与色狼的DNA核对，比对之后，色狼肯定无法狡辩了。

如果案发时受害人或证人有紧要事情不能即时前往公安局提供一份详尽的书面证供，可以只需向到场的警员口述案件的经过，然后安排好时间尽快前往公安局提供书面证供，切勿害怕麻烦而回避作证啊！

长途车厢里的非礼

我认识的陈小姐有一段十分惊人的体验，她希望我将事件公开，以提醒其他女士们保护自己。

真实个案

长途巴士也是色狼出没的热点区域。

陈小姐在银行工作，加班四小时之后，在晚上十点拖着疲惫的身躯从市区乘坐巴士返回郊区的住所。因为车少人多的缘故，陈小姐未能在下层找到座位，她走到上层，幸运地在最后一排找到一个座位。超过一小时的漫长车程加上巴士的摇晃，陈小姐很快便进入了梦乡，坐在她旁边的胖男人把握了这个难得的机会，将身体挨向陈小姐，并将两人的头部紧靠在一起。在旁人的眼中，他们俨然是一对夫妇或情侣。

到达郊区后，乘客先后转车或下车，上层的乘客只剩下十多人，后面只剩下陈小姐和那个胖男人，此时胖男人便开始行动了……熟睡中的陈小姐终于被摸醒了，当她意识到被对方侵犯时，惊吓得全身发软，不知该怎么办！胖男人见陈小姐从梦中惊醒但没有抗拒，以为陈小姐默许了他的行为，于是更加肆无忌惮。陈小姐十分愤怒，但全身乏力，也没有勇气呼叫求助，胖男人受到“纵容”后变得无比兴奋。陈小姐惊恐得失魂落魄，勉强站起来准备跨过胖男人的双脚逃避，但岂知胖男人又怎会放过这块已经在口中的肥肉啊！他的两只肥掌一把拉她坐在自己的怀里。

在生死存亡的意识下，陈小姐发狂地挣脱对方的魔爪，在其他乘客疑惑的目光中狂奔逃往下层，不等巴士到达目的地，就在车门打开的刹那随即“逃”下了车，孤独一人站在街头饮泣。

她没有报案，其后乘坐巴士时也不敢走到上层，更不敢在车上睡觉了。后来某天加班后回家，陈小姐坐在巴士下层近车尾处。当车厢内只剩下疏落的几个人时，曾经非礼过她的肥色狼，突然坐在她的身旁。她惊吓得立即站起来想离开并高声大叫“非礼”，肥色狼才趁着司机停车查问时自行打开车门逃去。司机报警之后数天，陈小姐在巴士上发现了肥色狼的踪影，她暗中致电通知警方，警车将巴士截停并将肥色狼拘捕，最后由法庭裁定了两项非礼罪。

巴士上层最后一排的位置较隐蔽，易成为色狼作案的位置。

各位女士们，任何事情的发生都绝非偶然，这个案件说明了以下事实。

1	身边随时都有色狼窥伺，只要有机可乘，色狼就会接近并侵犯你。
2	大部分受害者都怕事，遇事惊慌失措、害羞，性格内向而不敢喊出来，并且也不知道如何处理。因而色狼敢为所欲为，旁若无人地公然在车厢内侵犯你。
3	受害人受惊时的不当反应，极可能壮大了色狼们的色胆，从而进一步侵犯你。
4	受害者没有呼叫求援，旁人不知底细，会以为两人是相识的或发生感情纠纷而争执，所以不便插手，从而让色狼消遥法外。

有机构在2003年年底进行了调查，发现406名受访的香港女性中，66.8%曾在乘坐公共交通工具时被非礼，其中巴士占38.2%！警方发布的数字也显示，在巴士上发生的非礼案件有上升趋势。因此，女士们需要学习防狼之法。

长途车防狼应变之法

陈小姐的案例，经常会发生在夜间行驶的长途巴士上，受害人大多是在睡梦中被非礼，只是侵犯的程度轻重不同而已。以下提供了一些具体建议，希望能帮助各位女士作出防卫，并教导各位乘客协助受害人打击这些无耻色狼。

预防态度

首先，单身女士切勿在车上睡觉！其次，切忌坐在巴士的上层，应该选择坐在巴士的下层，即司机能够看到的位置；乘坐小巴的话，应选择单独的座位或司机背后的第一排座位。最后，尽量选择与女性同坐。

尽量避免在车上睡觉！

选坐司机旁的位置最安全。

避免巴士上层位置，尽量选择下层车厢乘坐。

警觉态度

要留意所有身边的男士，特别是坐在自己旁边的男士，但不应将所有男士都当作色狼对待，只需留意他们的神情和举动，发现他们有异样时及时应对。有些色狼会用衣服或物件遮盖双手偷偷施袭，其他乘客无法看到实际情况而不能作证，因此要尽早避开。

主动防卫

首先，与男士同坐时，可将手中的物件如手袋等放在两人中间相隔，防止身体任何部位的接触；第二，当对方装睡挨到你身上或大动作翻阅书报，或借拥挤的环境将身体或肢体贴着你时，你千万不能犹豫，应立刻换位置，不让对方有可乘之机；第三，如果对方不断接触你的身体时，切勿迟疑，应大声喝止对方；第四，如有男士刻意换座位与你同坐时，对方必有所图，应尽快转移座位避开他；第五，勿与可疑色狼一起下车，应比对方稍迟下车，以防被跟踪和侵犯；第六，必要时乘坐到终点站再下车，并要求司机陪伴，等候家人或朋友来接或转乘的士回家。

虽然“女子防狼自救术”有“突击”的技巧，然而，受害人能够摆脱色狼的话，切勿使用武力对付色狼，因为其中变数很多，可能反被色狼指责受到无理攻击而转移了旁人的注意和判断，将事情变得复杂。甚至色狼也会使用暴力还击以求脱身，而对你造成伤害。

以陈小姐为例，跨越色狼双腿逃避是下下之举。当时她应将背部紧靠车窗，双手分别握着前后椅背的扶手，大呼“非礼”以吸引司机和乘客帮忙。本人会在“女子防狼自救术”培训中详细指导女士们如何应变和进行突击的技巧。有需求者可发电子邮件咨询。

逃离也需要学习一些技巧。以陈小姐的案件为例，她在极度惊慌之下下了车，在偏僻的街道独自饮泣，万一色狼也跟着下车，后果将不可想象啊！所以，在逃离色狼身旁之后，应立刻向司机求助，然后报警处理。

有关突击技巧，宜真人现场教导，否则容易适得其反。

逃离之法

当发觉异象时应即时避开色狼，切勿犹豫，“逃离”是此套自救术的最终目标。在逃离时，必须拼命狂奔，用尽吃奶的力量逃跑，直至到达安全的地方为止。

曾有受害者反映，她在受袭时曾经逃跑过，但是在她停下来向后察看时又被色狼抓着了。这个现象不难解释。首先，一般缺乏运动的女士，在惊慌时逃跑会感觉特别累，无论是心理和体能上都不能应付这样剧烈的运动，在很短的时间内便会感觉身体支撑不住了，自然就会慢下来或停下来喘息，这样便会被身后追逐的色狼抓着了。其次，逃跑中的女士在没有目标的情况下不会跑得太快，但在身后追逐的色狼以前面的女士为目标，因而比较容易抓到速度慢下来的女士。

有些受害者在慌不择路时会跑进绝路，最终没能逃出色狼的魔掌，这是因为受害者不熟悉地形所致。大家试想一下，我们的家居和办公地点，都会张贴火警发生时的逃生路线，然而，有多少人会认真察看所处环境的地形，甚至试着走一次呢？

在步行中途遭色狼跟踪，不要走入前方未知的路途。

应回头沿着刚走过的路线逃离色狼的魔掌。

在楼群范围内，应逃往楼群或大楼的管理处。

凌SIR的教导

往回头路逃跑

一般来说，回头沿着刚刚走过的路线逃跑是最安全的，因为记忆犹新，而且肯定不会是绝路。如果在建筑物的走廊遇袭，应逃往大堂管理处或保安值班的岗位。不过，遇上管理员或保安离开了岗位，危机还是会存在。楼梯是高危的地方，不宜久留。

第二章

外出约会防狼篇

外出防狼之法

本人在街头见过一些非礼事件，有坏学生胸袭女生、有色狼从后面摸女士臀部……但受害人都是惊吓得呆在原地，直至目送色狼离去。在人多拥挤的环境中，如果被人侵犯，一定要马上大叫“非礼”，如果不敢肯定或太突然来不及反应，就要尽量记住色狼的长相，以后再见到对方时便需提高警惕回避了。

其实在街头进行非礼的色狼是有一些特定行为模式的，在街上步行时留意观察便可以尽早发现他们的踪影。例如四处盯梢女性找寻猎物，步行时会特意改变路线朝着猎物走过去等。

人多拥挤的街头也是色狼的犯罪温床。

以下是本人在退休后目睹的一个事件。

真实个案

某日在中环街头，前面一位年轻的白领丽人(以下简称为OL)悠闲地走着，一个中年男子迎面朝她走来。他双眼紧盯着眼前那位OL的胸部，并斜线“易轨”直冲向OL。OL被这突如其来的吓坏了，然而该名男子却若无其事地站着“假装”听电话，没有看OL一眼。

虽然OL被吓呆了，但当她意识到是被对方故意碰撞之后，突然冲上前朝着那名男子脸上狠狠地打了一拳。男子被打之后竟然看着OL没有反应，两人互相对望着却没有说一句话，接着这名男子垂头丧气地扭头朝路边走去。我上前询问OL是否需要帮忙，她摇摇头便离开了，那名男子也朝相反的方向离去，身为旁人的我无可奈何地离开了。

从环境证据分析，该名男子突然改变行进方向，朝着OL正面撞去，这些表现肯定是不正常的。如果他是意外碰撞了事主，第一反应应该是道歉或下意识地看一看对方，但他却假装站着听电话不看对方一眼，加上他之前曾色迷迷地看着OL的胸部，所以可以断定他是有意侵犯OL的！但是，他们事后的表现，却让旁人弄不清楚她们是否认识或之前是否有其他过节等，因而无法插手。

总结以往的经验，就“预防”这方面来说，本人要提醒女士们的是，在外出活动时切忌穿着太暴露，以避免引来狂蜂浪蝶的侵扰。同时注意自己的行为和肢体语言，以免传递出错误的信息，招来色狼的垂涎。

夜间独自外出时，切勿穿迷你裙。因为一是犯了暴露的大忌；二是万一出事的时候，被色狼成功性侵的机会，远比穿紧身牛仔裤和皮裤大得多。

穿着暴露，易招来色狼垂涎。

从“警觉”这方面而言，女士们应注意身处的环境，留意接近人士的行为。以上述案件为例，我在当事人的身后就能见到的情况她却看不到，说明当事人的警惕性不足，被坏人盯上了也不知道，当坏人斜线“易轨”接近也没有察觉，在被撞了之后还不知道发生了什么事！这些警觉性低的女士们，被坏人从后面偷袭侵犯时，肯定只会惊吓得呆立原位，目送色狼饱食远扬了！

警觉性高的人往往较为安全。因为坏人会接收到你的眼神目光，知道你是眼观四面或是有备而来的人，既然你早有准备，坏人就会另选目标了。

人的大脑是用图像记忆为主的，当一个熟悉的环境出现了变动时，大脑能够“察觉”到变化。虽然未必能指出变动了的地方，然而，这样的直觉、第六感或观察还是值得相信的，不要以为自己神经过敏，“宁可信其有，不可信其无”，采取保护措施是上上之策。

避免通过僻静的地方。

幽暗的地方要特别留神。

就“主动”这方面而言，当你独自外出时：

1	养成警惕地四周扫视的习惯，留意危险的僻静地点和阴暗角落是否有人隐藏。
2	任何时间都要避免单独行走在偏僻或幽暗的地方，包括狭窄的巷道路段、停车场、公园、绿地、浓密的灌木丛、空屋或荒僻的河堤等处。
3	等候着和其他行人一起通过僻静的地方，以减低被伏击的风险。
4	如果有车到达目的地，请勿节省车费，最好能坐的士通过那些僻静的地方。
5	尽量走在人行道的路中央，避免隐藏在路旁的人偷袭。
6	留意是否被跟踪。
7	挺胸阔步充满自信地大步走，表现出处于警备中的身体语言，让色狼知难而退。

习惯靠边而行，可降低一半受袭的概率。

8	平时练习跑步，遇到危险时可逃命。
9	任何反应和突击都只是争取时间逃跑，切勿犹豫。
10	当其他男子出现时，彼此保持距离。
11	当对方接近时，需评估危机和预警，对方稍有异动便马上反应，例如快步离开、双手护胸或高声呼救。
12	携带一只大狗同行比较安全。
13	避免使用僻静的公共厕所。
14	当坐的士时，致电或假装致电回家，告知对方乘坐之的士车牌号码及司机名字，正从哪里上车返家，并保持交谈直至到达。
15	在人挤的地方宜靠边而行，减少一半受袭机会。
16	在人多的地方遇袭，应高呼求助、阻止对方离开并报警。
17	在人少的地方遇袭，便应保护自己，可逃便逃，绝不应犹疑，边逃边大声呼救，逼使对方逃走。
18	受袭后必需求助和报警，否则没有人知道发生了事情，警方也不会加强巡逻。

约会时潜在的危机

真实个案

林小姐已过30岁，她在一家上市公司担任高职。基于择偶要求太高而嫁杏无期，眼看身边朋友都成双成对，逐一结婚和生儿育女，基于来自父母的压力，在情急之下，她答应了一位认识不深、但追求攻势激烈的名叫拜仁的朋友约会。两人吃过晚饭看罢电影，拜仁驾驶私家车把林小姐载到飞鹅山看夜景，两人在浪漫的星空下热吻缠绵。拜仁的手在林小姐的身上肆意抚摸，在意乱情迷之下，林小姐没有抗拒，拜仁得寸进尺。

在这个意料之外的举动下，林小姐感觉受到了侵犯。于是将身体缩作一团，并将拜仁推开。可是如箭在弦的拜仁不肯罢休，拥着林小姐继续“努力”，期望用热情将她溶化。林小姐感到被对方非礼而挣扎叫停，但拜仁以为林小姐害羞而欲拒还迎，继续手口并用进行“侵袭”。双方激烈纠缠过后，林小姐才挣脱开并推开车门冲出车外回避。她无助地站在凄冷的山头，最终打电话报了警。

山顶景色迷人，但是如果是在晚上约会，时间越晚，女士们越要提高警惕。

表露明确的拒绝态度

本人正是当年接办此案件的主管。在案件调查期间，我提醒林小姐，两位成年人在你情我愿之下交往，在进行亲热行为时有肌肤之亲属于正常。只是男与女在生理和心理上存在差异，有相当一部分的男性比较急色而不重视女方的感受。在一般情况下，女方如果在语言和动作上没有明显地拒绝，男性会以为是对方接受的表现，误认为对方是因为害羞而半推半就，因而会用较粗暴的行为来“霸王硬上弓”，以突破彼此关系的屏障。

女性常常缺乏主见，也不知道自己需要什么、想怎样做！当发生上述情况时往往手足无措，有时因为生理上的需要神志变得恍惚起来，不知道如何应变而任由对方摆布。在满足了双方的官能刺激后才后悔，事后会用种种借口为自己开脱，甚至指控男方施暴。林小姐与我交谈之后决定销案，否则拜仁将可能会被指控非礼女性，那就需要交由法庭判决了。

事实告诉我们，孤男寡女在四野无人的环境下，肯定会出现亲密的行为。在互相缠绵的时候，男士很难控制自己的行为。就上述案例而言，如果是理智型的女士，则可以冷静处理感情的事而做出反应，果断地用行动和语言来表达不接受对方的行为，让对方悬崖勒马。在不愿意的情况下，应该当机立断地推开对方并说出“不愿意！”。若男方继续下去，女方就要大声呼救以抑制对方心里的欲火，让自己“逃出生天”。就算当时被抚摸至意乱情迷而没有做出抗拒，在事后恢复冷静时也要坚决地向对方表达不满，警告对方以后不允许有同类事件发生，以保护自己不再被侵犯。

约会时的防狼锦囊

认识多时的同学、同事、朋友等首次邀请你单独约会时，在应邀之前应该对其个人品行和生活背景多进行一些了解，不应贸然赴约。在约会之前，还需要对约会地点充分了解，对不合适的地点提议改变，如果是不正派的地点要断然拒绝。最好不要单独前往男方住处或邀约男方前往你的香闺，更不可随意进入房间或卧室。见面约会的地点，最好由你主动提议，选择自己熟悉或亲友所经营的社交场所，出席时最好由友人陪伴前往。

赴约风险最大的是与“点头之交”的朋友和网友约会。与这些人初次单独约会前，要核实对方提供的个人资料是否真实。如果是见网友的话要索取他们的近照以供辨认，万一出事报警，也能向警方提供寻找对方的资料。

约会事前安排

约会的时间不宜太晚或太早，约会的整个过程也不要拖延到午夜或凌晨。赴约之前将有关约会的地点和男方的资料告诉一位信任的人，约好一个通话的时间，制造一个你并不是孤立无援的感觉。并告诉对方你大约何时回家，让这位你信任的人在你有需要时可以提供支援。

在会面时，请陪伴你出席的友人提前到达会面的地方，等友人认出男方之后，让友人打电话给你并告诉你有关现场和对方的情况。如果男方有一些令人生厌的举动，你就应该打电话给男方取消此次约会。比较长远的解决办法是告诉他，你与一位旧情人重燃爱火，以此来拒绝这个认识不深或素未谋面的人，从而防止他再度打电话骚扰你。

如果没有朋友可以陪伴出席，你自己就要提前抵达约会地点，亲自了解现场情况。然后找一个隐蔽的位置等候男方，并且要观察对方一段时间，放心之后才能上前应约。

最好选择自己熟悉或亲友经营的餐厅约会。

应约时要保持庄重，注意对方的言行。与对方共进餐宴时，尽量不要喝酒。喝酒的话要节制，不要随便吃喝不明成分的食物或饮料。

勿穿性感衣物

在约会期间出现特殊情况时，应立刻致电给任何人，哪怕是一个“不存在”的人。这个动作能有效地使对方冷静下来评估形势，还能暂时让对方停止胡来。遇到男方太急于让关系更进一步时，要推开对方，并且说出自己的感受。如果对方强来的话，要清楚地说“不！”。如果还不奏效，应马上高呼求助或报警求援。

如果男女之间的关系还不稳定，女士单独赴约时，衣着应较为保守，切勿穿性感暴露的衣服以传递错误的讯息，尽量穿包裹严实的紧身衣裤。一般穿牛仔裤和运动文胸时，男士比较难解开文胸或将手伸入衣裤内突袭，另外穿带有厚垫的文胸也可以降低被触摸时的敏感度，从而让大脑保持清醒冷静。

避狼脱身之法

当约会时对方露出了“狼相”，或你感觉情况有异需要离开时，要假装突然感觉到手机震动，然后假装接听电话，“交谈”几句之后声称有急事，趁对方来不及反应，说声对不起便迅速离开。

在餐厅或饭店之类的地方约会，首先要认清楚出口的位置，然后告诉对方你要去洗手间，离开对方的视线后，改变路线直奔出口离开。

如果在其他地方约会，可差遣你的约会对象去做一些事情，然后借机离开。

约会防暴之法

被色狼侵犯，严重的会被强奸甚至杀害，女士们绝不能对自己的人身安全掉以轻心。有强暴倾向的人，可以从其行为、举止与态度观察出蛛丝马迹。大致来说，他们是一个“不懂得尊重女性”的人，以下行为可作参考。

1. 喜用污蔑性言语和观点来评论女性的人。
2. 忽视女性权益、意见、感受和情绪的人。
3. 歧视女性，认为女性应该顺从、依赖男性的人。
4. 无视女性隐私，把侵犯女性空间视为正常的人。
5. 滥用药物或酗酒者。
6. 向女性提出“非分”要求被拒绝时，会立刻勃然大怒的人。

如果观察到对方有以上的特征，自己不想成为被强暴的受害者，就不应该再冒险与此人见面了。即使要见面也只能在人多的公共场合，千万不要去有单独相处机会或比较偏僻的地方。

海阔天空应变之法

拥有较好经济条件的公子哥们，会必备一艘游艇供“猎艳”之用。游艇可以说是一件“必杀”工具，因为在男女彼此关系的摸索期，女士们一般都不会轻易随男友返家、露营及外出旅行，更会抗拒去酒店、僻室寻欢。据坊间玩家统计，邀请女士坐船同游，她们较易接受。蓝天碧海的浪漫气氛具有催情的作用，再配合美酒情话，很容易让女士沉醉在二人世界之中，所以游艇便成为女士失身最多的地方了。

大海茫茫求救无援

前文说过，男与女在心理和生理上一般都存在差异，男方偏向性而女方看重爱。女士接受邀请单独与男士乘坐游艇出海时，在男士看来，这位女士等于向他发出了“绿灯”信号，暗示可以进一步发展关系。至于底线如何，男方不得而知。如果遇到了猴急的男士并且对方错误估计了状况，这种情况下就会“出事”。乘车时出事还可以推开车门下车逃避，而坐船出游时茫茫大海，即使打电话报警也不知身在何处，可能连电话信号也没有，正所谓“呼天不应”、“叫地不闻”。如果对方强来的话，女士便无处可逃，只有任由摆布了。

与女士交往时，男士也要小心揣摩女士的心意。虽然大部分女士都会害羞、故作矜持，需要在半推半就中将关系迈进一步，但如果发现女方奋力抗拒的话，就应适可而止，沟通之后才能再次尝试。不然的话，因估计错误而惹上官非，便会影响一生了。以林小姐为例，当她推开拜仁并清楚表示不愿意之后，拜仁在违反林小姐的意愿下继续触摸她的身体时，便变成侵犯行为了。因此在林小姐将拜仁推开到她推开车门离开前的一段时间内，拜仁在林小姐身上做出的乱摸动作，在法律上已构成非礼行为了。如果女士身处茫茫大海而被逼就范，这种行为在法律上就构成了强奸！

在夕阳与大海营造的浪漫气氛下，游艇于是成为女性失身最多的地方了。

凌SIR的教导

单身登艇要小心

孤男寡女登艇同游，就已表明二人会有亲密行为。万一出事，轻则遭非礼，重则被强奸，女士们还是小心为上。从主动防狼这方面而言，当男方强迫时应明确表示不愿意并推开对方，如果对方不肯罢休，应提醒甚至警告对方，为了满足一时之欲而犯法，将会身陷囚牢，影响其一生，绝不值得啊。当男士稍作迟疑时，要立刻将自己反锁在厕所中以保安全，直至游艇返抵岸边再离开。如果就近有其他游艇停泊而自己又懂水性，可以立即跳水逃离，游往其他游艇求助。水性不是太好的女士，可以拿着救生圈跳水逃离，高声向就近的游艇求助。

水性良好的话，可跳海游往附近的其他船艇。

香车美人易成猎物

在美国和中国曾发生多起抢劫车辆和性侵犯案件。受害人被匪徒用武器威胁，连人带车驶往偏僻地点行劫和侵犯，并驾走车辆售卖。坏人在作案时多选择女性，因为女性警觉性较低和较容易被控制。另外，坏人会选择价格贵的车下手，因为驾车者应该比较富有，作案的收获将会更丰厚。因而驾驶价格贵的车的女性便成为抢匪盯梢的高危一族了。

身为高危一族的女士们，请记住：车辆本身是一个保护罩。将所有车门的门锁锁上并保持车辆移动是最安全的状态，切勿轻易开启门锁。如果遇到交通意外，应等候交警抵达之后才下车处理，勿让坏人借机打开车门。稍有疑虑时应立刻开车离开，并报警求助。

驾驶名贵车辆的女士，容易成为坏人的目标。

凌SIR教路

勿停泊在僻静处

切勿将车停泊在偏僻的位置，以防匪徒在汽车附近埋伏守候作案。在视线无阻的位置停泊，下车前需注意周遭是否有可疑的人，下车后尽快离开。上车前也要避免周遭有人接近，应尽快进入车内并按下中央门锁，以防有人突然跟随进入车内。如果有人接近而没有来得及进入车内和锁门，索性绕到汽车的另一面，利用汽车将自己与对方隔离开来并致电求援。当匪徒露出贼相并且胁持你时，首先应立刻将车钥匙扔到沟渠中，或从多层停车场扔往街外，或扔到车底。此举是两害取其轻的做法，不让匪徒连人带车将你载往偏僻地点行劫和侵犯。第二步是将手袋丢弃，然后挣脱掉对方向相反方向狂奔，边跑边高呼求援。此举是希望匪徒选择掠取手袋里的财物而放弃追逐你。

万一有匪徒进入了车厢并被威胁开车，请选择在有人的地方，用车头狠狠地撞击坚硬的平面，在这个撞击之下，安全带和安全气袋会确保你的人身安全。匪徒为了威胁你而没有配好安全带的话，会比你较易受伤。发生交通事故后，匪徒有可能负伤离开，你就有机会逃过被性侵这一劫了。

偏僻女厕防狼应变之法

真实个案

这是一个很多人不相信的真实故事。

故事主角任职警员时，曾两次在警察训练学校的女厕内偷窥偷拍。被捕判监出狱后变本加厉，在任职的小学内九次连环非礼四名女生。

拥有摄录及制作专长的这位警员，被同僚称为“导演”。他负责警察招募课，被派驻警察训练学校担任助理职务，协助报考警队的人接受体能测试及甄选面试。基于工作需要，他经常带领女性报考者前往女警宿舍，使用更衣室和女厕。

年前某日，警校一名女警如厕时发现有人从厕所门下边的缝隙头偷窥，她大惊失色，回过神来才拉上裤子追出去，在厕所外只见到“导演”一人急步离开，所以将他拘捕报警处理。“导演”在保释候审期间，通过互联网讨论区公开发文呼冤，更以基督之名发誓，声称只是经过女厕时被捉，偷窥的事绝对另有其人。然而，在案件开审前数天，“导演”食髓知味，再次在警校的女厕内偷拍另一位女警时当场被捕。因为有录像铁证，最终以游荡罪被判监三个月。这个警队的害群之马出狱后变本加厉，在任职技术员的小学内先后非礼四名10～11岁的女学生，东窗事发后被判入狱二十个月。法官形容他是没有悔意的危险人物，重犯的可能性非常大，需要将他与社会隔离才行。

很多性罪行犯人平时的行为都十分正常，就如双性恋者和性怪僻者，连一起生活多年的配偶也未必能察觉出来。在环境和客观情况都配合时，潜藏心底的兽性便会盖过理智而侵犯女性了。

凌SIR的教导

勿单独使用偏僻地点的女厕

提醒各位女士，位处偏僻地点的女厕，经常发生非礼强奸案，大家不可不防。色狼会藏身厕所内守候“猎物”，或在附近埋伏目睹女士进入厕所之后跟随入内作案。色狼犯案的手法，包括从厕所门的底部偷窥偷拍、从旁边厕格顶偷窥偷拍、甚至跳入厕格内非礼强奸正在如厕的女士。还有一些犯人会等候在外，在女士打开厕格门时将她推回厕格内侵犯。为避免成为受害者，切勿单独使用偏僻地点的女厕。

在迫不及待的情况下使用偏僻地点的女厕时，进入厕格前，首先检查每一个厕格里是否有人藏匿。当你推门发现有人藏匿时，对方会被你这个突如其来的举动打乱了部署，甚至可能被你惊吓到，趁此机会，请立刻狂奔逃离吧。

如果有厕格被关上，请敲门询问，证实里面的是一位女士。如果对方不作回应，速速离开为上策。

如果其中一扇厕格的门已关上，应敲门询问。

凌SIR的教导

即使确认了厕所内空无一人，也不要在如厕时掉以轻心！因为一般公共厕所的大门都不能锁上，所以如厕时要留心聆听大门开关的声音，评估其后进入厕所的人数和她们使用厕格的位置。如果有人进入厕所但是没有进入厕格，就需要留意厕格门脚下是否有异象，以便尽早做出反应。当有人进入你左右两旁的厕格后，要聆听对方如厕的声音，如果没有传来正常的声音，就要留意厕格间隔板的顶部和底部，一旦有异象要及时反应，包括遮挡私处和呼叫，尽可能追出去辨认对方的容貌、身形，并即时举报。万一对方跳入厕格内侵犯你，只能采用突击以自保了，相关技术将在本人举办的“女子防狼自救术”培训中传授。

留意厕格门的脚下是否有异象，以便尽早做出反应。

电梯中的防狼应变之法

真实个案

有位朋友遭遇了以下的问题，向我询问意见。

艾蒂三十多岁，有个三岁的女儿，她最近离婚了，与女儿搬回娘家居住。她在单独使用电梯时，经常被一名傻佬呆呆地盯着，她走一步或退一步，傻佬也跟着她走一步或退一步，这让她心里产生了恐惧，她只好回避对方的眼神。谁知对方在她离开电梯时在背后向她说：“你怕呀！”，明显是感觉到艾蒂害怕他而离开，出言试探她的反应。坏人通常选择怕事和缺乏自信的人作为侵犯对象。傻佬的这一举动已显示了对方有进一步侵犯的可能性。艾蒂感觉被骚扰，同时也担心女儿会被侵犯。

与电梯有关的案件包括两大类：第一类发生在电梯内；第二类是坏人从电梯尾随受害人出来至走廊作案，或从电梯里强行将受害人拖到走廊的楼梯间、天台等僻静处作案。

色狼喜好从电梯尾随目标至走廊，见机侵犯。

尾随男士要小心

住在没有安装入口大闸的旧式楼房里，电梯里没有摄像头，天台没有上锁，走廊和楼梯在白天也显得很僻静，而且还没有保安值班，这类高危建筑物是坏人首选的作案地点。进入这种老式楼房时要提高警觉，小心坏人尾随犯案。在没有摄像头的电梯内，坏人会有种为所欲为的感觉，特别是他感觉到你害怕他时，他会更加蠢蠢欲动并付诸行动侵犯你。假如电梯被坏人按停时，你将无处可逃任女士在电梯里的最佳站立位置是按钮旁，可以方便随时按警铃。

由对方侵犯啊！

所以，为了自己的安全，任何时间都勿单独与另一名男子进入电梯或停留在电梯内。如果为了不让对方难堪而一同搭乘电梯，等到出事时你就会后悔莫及。电梯里人多的时候不会出事，但是住在高层的你要有心理准备，随着人们逐一离开时，你要看情况判断自己是否需要跟随别人一同离开，以免最后与一名男子独留在电梯里。

电梯里的站立位置

当只有你自己一个人在电梯里，中途有一名男子进入电梯时，你有三个选择：1. 他进来时你随即离开；2. 继续待在电梯里，与这名男子一同留在电梯内；3. 即时按下行程中最接近的楼层尽快离开。选择离开还是留下，首先要看电梯里是否有摄像头，其次是看走廊外是否安全。如果走廊和楼梯都很僻静，就应该留在电梯里，因为使用电梯的人远比使用走廊和楼梯的多。如果电梯里有摄像头的话，坏人会有所顾忌，只能选择离开电梯作案，因而留在电梯内较安全。

至于在电梯里站在哪儿比较好，有两大主流意见：1. 站在按钮旁；2. 站在最里面的角落。位置一的优点是可以随时按响警铃或按下楼层的按钮，而且接近电梯门，比较容易离开电梯。缺点是任何人都需要接近你才能按下楼层的按钮，因而比较容易受袭。位置二的优点是远离所有人，不会受到突袭，有较长的时间可供自己反应。缺点是有需要时不能按警铃求救，而且逃离电梯比较难。基于两害取其轻的原则，选择位置一能保持主动，只需时刻留意进入者的举动，随时做出反应即可。无论站在哪个位置，都可以假装接听电话，告知电话的另一头你身在何处，然后与“对方”闲谈，让色狼有所顾虑。

凌SIR的教导

遇事绝不畏缩

针对艾蒂的案例，遇到傻佬当然是避之则吉了，当避无可避时便需面对他了。所谓“狭路相逢勇者胜”，遇事时绝不能退缩，要让对方感到你不可欺，甚至可怕！从而不敢侵犯你，处理的方法很多。

1. 找人警告对方。例如丈夫、男友、家人、居委会工作人员、保安等，如果对方依然骚扰或惊吓你，你可以报警处理。
2. 即时或事后报案。任何人在公众地方，其行为引致他人为本身安全而担忧，可构成游荡罪行【香港特区法律第200章刑事罪行条例160(3)条】。
3. 携带哨子或防狼器等发声器具，在进入危险区域之前拿在手中，有需要时就可以马上使用，这样能够惊动街坊住客前来协助。
4. 携带攻击器具，如喷雾、香水、粉盒等，在有需要时可攻击对方的眼部和刺激呼吸，还可以使用指甲钳上的小刀、指甲挫、眉钳、钥匙等攻击对方的手背、大腿、脸部等。采用这些攻击方法的目的是赢取时间逃走或吓退对方。
5. 学习保护自己的技术。包括自己运用上述方法或由别人陪同帮自己壮胆，亲自在地下大堂当众警告对方，让他感到你不可欺。警告对方时，可以鼻贴鼻，怒目瞪着对方并大声警告。不需身体接触，便能产生警示的效果。

随身携带哨子，发出的声响有阻吓作用，还能惊动街坊住户前来救助。

第三章

狭小密室防狼篇

高危安乐窝

每个人的家园，都是一个最私人、最舒适的安乐窝。除了自己和自己容许的人之外，任何人都无权进入。按理说，这个安乐窝应该是你在这个世界上最安全的一个地方了，但是，根据罪案统计的数据，在大家心目中都认为是最安全的安乐窝，曾经发生过的案件种类却多不胜数，包括家庭暴力、偷窃、入室盗窃、非礼、强奸、入室强奸、谋杀、凶杀、奸杀、恐吓、勒索……总而言之，什么类型的案件差不多都发生过，不少案件都与性犯罪有关。

施暴者多为熟人

英国一个协助被强奸者的机构统计：每四名被访的女士中便有一名曾经被强奸或被企图强奸，曾经被非礼的肯定是倍数计啊！97% 的被强奸求助者是认识施暴者的，施暴者多为现任或前任男友、丈夫或合伙人。他们多数使用恐吓手段、使用暴力或武器，甚至施行突袭等达到侵犯目的，而绝大多数受害人都是在室内被施暴的。被强奸求助者中，只有不到 7% 的人曾报案求助。绝大多数施暴者依然逍遥法外，继续侵犯受害人和其他女士。

很多女士被侵犯后，
都不愿意报警求助。

留学生面对的危机更大，因为她们离开了家人和多年建立的支援网络，在异域变得孤立无助，色狼们会把目光聚焦在她们身上，时刻寻找机会侵犯。所以留学生们除了加强家居的安全意识外，还要建立一个当地的支援网络来保护自己。

针对家居的安全措施，一般人的注意力都只放在防盗上。比如安装铁门、防盗网、防盗器等来防止坏人入侵，却忽视了防范熟悉的异性，结果引狼入室，将自己深陷于险境而无法逃脱。独身的女士们，不论你的年纪多大，都可能身处性侵犯的危机之中。如果缺乏警觉的话，一不小心就会成为受害者。更严重的后果是，被性侵之后还有可能被色狼诬陷为“引诱”，这将多么无辜啊！

入室成狼

真实个案

这个案例的施暴者泰臣是受害人小恩的前任男友，当时泰臣还是一名警员。双方热恋了三个月，小恩便怀上了泰臣的骨肉，但泰臣不肯承担责任，与她分手了。其后九年双方藕断丝连。

某日泰臣凌晨来到小恩家，想与穿着性感睡袍的小恩亲热。但小恩因忠于现任男友而拒绝了泰臣，泰臣不悦，随即扯着小恩的头发将她的头撞向墙壁，小恩在暴力之下为保性命而就范，泰臣饱尝兽欲之后离去。之后，小恩将这件事告诉了男友并及时报警，最终泰臣被判入狱四年。

香港特区法律第200章刑事罪行条例第118（1）条关于“强奸”规定，任何男子强奸一名女子，可判处终身监禁。这条法律也清楚解释了当任何男子正在与一名女子性交时，该女子表示对此行为不同意的话，从她不同意的那一刻开始，便变成非法性交了。同时，任何男子当时知道该女子并不同意性交，或罔顾该女子是否对此行为同意，也属于强奸。所以，当女伴叫停或表示不同意时，男士就不能再继续了，否则变成犯法行为。

以上案例显示，已婚男士深宵到访独身女士而不归家，明眼人都能察觉到男方必有异常要求，而前女友却穿着性感衣服热情相伴。人是有潜在兽性的，平时很难察觉，当孤男寡女独处一室，无论男士是什么身份，无论你多么信任对方，客观环境会促使男士的性欲逐渐高涨，在干柴烈火之下变成禽兽而不能自控。

已婚男士深夜到访独身女士的家，必有异常要求。

女性要了解男性的天性

97%的施暴者是受害人认识的。这个事实说明了女性需要学习保护自己，最安全的做法是不让男士进入自己的“安乐窝”。然而很多女士对已婚的男士，特别是有子女的已婚男士，会产生一份莫明的安全感。前男友也比较容易获得女方的信任，很多女士们会对他们毫无戒备。事实上，部分已婚的男士认为女士明知与他没有结婚的机会还接受他，表明不需要他负上任何责任。因而，他们也乐意维持婚外情和婚外性的关系，享受“过程”而不需“结果”。在登堂入室的时候，当然会软硬兼施地哄骗女士，“必要时”更会对“猎物”使用暴力，这是男性的天性，不能不防啊！

女士们多爱幻想，追寻浪漫的感觉，纠缠着一些没有结果的关系，希望维持“过程”等待将来有机会“开花结果”。部分天真的女士们甚至认为可以与男士有“爱”而无“性”，误以为男士也可以与她们一样坐怀不乱。在现实生活中，这些关系是很危险的，不理会女士感受的自私男士极容易变成一个纯粹为了满足自己性欲的色狼。当彼此的想法存在差异时，男士的行为将会变得凶暴，甚至继而伤害到你。

现今社会人欲横流，男女对性都比较随便，女士吃亏的想法已经过时，认为只要做好避孕和卫生措施便可随时进行，没有什么大不了。但本人要提醒各位女士，在“及时行乐”之余要学会保护自己。

室内受袭时的应变方法

从上述案例来分析，女士们认为身处自己家中是最安全的，可以掌控一切，哪怕是穿着性感衣物，甚至“真空”与对方亲热，只要不喜欢时便可以叫停并请对方离开，这是过于天真和一厢情愿的想法而已。

男士深宵到访必有弦外之音，孤男寡女绝不应该共处一室。有访客时宜用衣物遮蔽身体，并将灯光调亮，不要让对方产生遐想，除非你想接受进一步的亲密行为。

有男士进入你的家中后，不要关门和上锁，因为在必要时呼救可以让邻居听到，而且逃出室外也比较容易。当男士做出过分的行为时，应该采取自保行动。从主动这方面来说，应该马上做出一些让对方感到错愕和突然的行为，以产生冷静和缓冲的效果。例如大声叫“停！”、“不好！”、“我不想做！”等，同时配合身体语言做出反应，例如推开对方、穿上衣服、马上离开房间或把男士推离卧室，然后将房门锁上，让大家冷静下来。

卧室是家中的最后堡垒。卧室门要安装横闩，房间内应该配备与外面联系的通讯工具，以便在有需要时能及时求援和报警。

独居女士和单亲母亲，应在每一个房间内暗藏一件武器，在受袭时取出自卫，吓退对方。至于暗藏什么武器和使用这些武器的方法，留待在“女子防狼自救术”培训中指导各位了。

房门安装可上锁的门锁，以便随时反锁隔离施暴者。

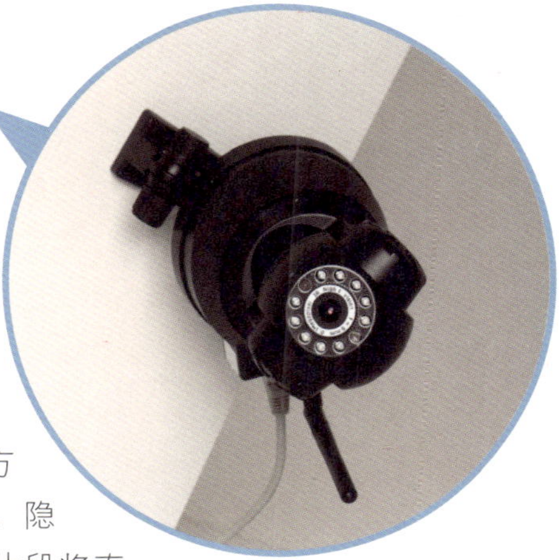

被侵犯时，告知对方家中装有隐蔽式监控系统，以便让对方悬崖勒马。

安装隐蔽式摄像头摄录，也是保护自己的一种方法。当你告诉侵犯你的男士，隐蔽式摄像头正在摄录，拍摄片段将直接传送和收录在网络供应商的服务器内，成为指控他的证据，色狼听到后不悬崖勒马才怪。这样的器材在网上商店和电子数码店内有售，价格不贵，只要连接电脑安装了软件就能24小时监控，简单易用。

访友防狼应变之法

“孤男寡女共处一室，女士必有损失”，女士们应避免单独到异性家中。曾有案例显示，有少女前往同学家中温习功课，被同学的兄长当着同学的面强奸；还有少女前往女同学家中，被女同学的男朋友迷奸。女士真是不可不防啊！

请大家明白一个事实，“私人地方”绝对不及“公众地方”安全。“公众地方”有工作人员和公众人士经过，但“私人地方”却只有你与他，万一出事，没有旁人实施援手啊！

任何曾离开过你视线的饮料，都应该避免再饮用。

凌SIR的教导

预留信息给朋友

访友之前应将你的去向告知一位信任的人，留下地址和欲拜访对象的资料。抵达时致电这位信任的人，告知你已经到达，并向这位信任的人报告在场人士的资料以及自己大约离开的时间，让在场人士知道你是有后援的。事前还要与这位信任的人约定好时间，让他到时候打电话给你了解情况，制造一个你并非孤独无援的效果。

进入大门时要留意大门是怎样开启的，在紧急时懂得开门逃离。劝阻对方勿用锁匙将大门上锁，表面上说是万一火警发生，在忙乱时极有可能来不及找钥匙开锁逃生，实际上是为了保护自己，以免对方侵犯你时，没有钥匙开锁逃走。万一你受到侵犯时来不及从大门逃离，就应该将自己反锁在其他房间内，设法求救或爬窗逃离。厨房是首选的房间，因为能随手取得武器自卫。

为了保持清醒，切勿饮酒或饮用任何不明成分的饮料。如果饮料离开过你的视线，便切勿再饮用了，以防有人在你的饮料内“加料”。

注意自己的言行，避免对方收到错误的信息，同时还要注意对方的言行，稍有异样就要马上离开。当对方动手动脚时，危险信号已经出现，你不离开便等于接受对方的行为了。

化被动为主动

常言道："百密也有一疏。"万一预防和警觉两个方面都做得不好，不幸的事情发生在你的身上时，就需要应变谋求脱身了。从主动这方面而言，是指将被动的情况扭转为主动，制造逃离的机会。

以下是一个典型的主动脱身案例。

真实个案

某天上午，小莲去探访朋友。朋友居住的大厦没有管理员值班，她没有察觉到自己早已被色狼尾随并一同进入电梯，小莲到达目的楼层走出电梯时色狼也紧随而出，随后在走廊拔出小刀威胁小莲，胁持她到后楼梯并将她按倒在地。小莲在利器和暴力的威吓下没有呼救，色狼先是劫去她身上的财物，然后对她肆意妄为，小莲不停地喘气假装哮喘病发，色狼不虞有诈而暂停侵犯。小莲恳求转往有空调的地方才能恢复正常呼吸，并答应报答他的救命之恩，色狼喜出望外。在带着小莲前往附近商场的公厕时，小莲推开色狼跳上一部靠站的巴士并且呼叫求助，但是色狼乘乱逃走了。小莲报警之后过了两天，警方拘捕了色狼，指控他企图强奸、非礼及行劫三项罪名。

从当事人进入电梯一刻起，色狼已紧随其后。

类似的成功案例很多。例如：受害人声称自己有性病或艾滋病从而保住了自己的贞操；提醒色狼会有街坊经过而撞破好事，建议去开房，在色狼登记开房时高声大叫求救；在同学家被侵犯，谎称听到有人归家，借机推开色狼，将自己反锁在房间中高声大叫求救。

凌SIR的教导

主动扭转形势

以上的案例都有一个共通点，就是受害人没有被动地任由色狼摆布，反而主动地将色狼原定的计划干扰了，从而产生了不同的结果。所以，一味被动的话，你只会随着色狼预定的计划被伤害，但是，能够反客为主的话，你就有机会脱身逃离险境。

在心态上装备自己，亦能轻易地化被动为主动。请牢记：“遇事不能怕事，狭路相逢勇者胜！”。当受到侵犯时，以凌厉的眼神怒视对方，会迫使对方另选目标，因为对方察觉你会记住他。这能打击对方的自信心，因为色狼认为你是弱者才侵犯你的，面对不怕事和勇敢的你，对方很有可能临时退缩。

第四章

性犯罪应变之法

性骚扰

美军官方公布，2011年军队中共发生3000起性侵犯个案，受害人全是受过严格训练的女兵和后勤人员，她们同样也受到了色狼的侵犯。性骚扰事件虽然没有统计，但肯定是数十倍以上了。请问没有接受过严格训练的你，难道不需要学习一些技巧来保护自己吗？

香港特区法律第480章“性别歧视条例”明文规定“性骚扰”是指人与人之间的行为，程度未至非礼，但涉及不可以接受的性范畴。法律规定任何人士如感觉对方作出具有冒犯性、侮辱性和威吓性的不受欢迎且涉及性的行为或行径，即可视为涉嫌性骚扰。例如，在女性面前谈论她们的胸部和隐私部位，询问女性与丈夫或男朋友的性生活，向女性表明“你是我的性幻想对象”等；行为方面包括摸手摸脸、搭肩、抚背、弹Bra带、揽腰、强吻等。

一般性骚扰事件发生在雇主与雇员、求职者、同事、合伙人、谋求合伙的人、佣金经纪人、教育机构的成员或职员、学生或谋求成为学生的人等人群中。

机构要订立守则

机构为防止员工被性骚扰要订立员工守则、指引或政策，以消除机构内的性骚扰。受害人如认为所在的任职机构没有承担相关责任，可提出法律诉讼。

虽然有法律监管，但是很多有权有势有私欲的人都会滥用权力和以权谋私，以权欺凌下属和同事，只是程度各有不同，行为视对象不同而有异。不过，有一点可以肯定的是，怕事者所受到的欺凌必定会更大更多！

香港平机会(全名：平等机会委员会)在2011年的头八个月共收到49起性骚扰投诉，2010年全年则有83起，2009年则有109起，其中一些不乏是在执法部门发生的。例如：2010年一位警长涉嫌性骚扰一名女证人，在没有实质需要的情况下查问女事主有关男女之事；一位男上司对女下属揽腰并抚摸其背；2009年一位女警长遭男同事当众谈论其胸部；2007年一位男警员向两名刚毕业的女警“吹耳”及“抚背”；2008年消防处一名高级消防队长借故搓揉一名年轻女文员的手；2009年香港食环署一名助理小贩管理主任猥琐地盯着女同事的胸部并出言调戏。

香港关注妇女组织曾接触一些女警，她们被性骚扰甚至非礼后，都会哑忍一段时间后才作出求助，部分人还会出现抑郁症状、失眠和自杀倾向。因为有些上司会利用撰写考勤报告、推荐升职或分配工作等手段，性骚扰女警员或要求与其发生性关系，所以很多女警员为避免破坏团队合作、影响仕途和上司报复，都哑忍而不敢投诉。再加上在没有外人可以帮助证明的情况下，投诉很难成立，以致助长了色狼的气焰。

在港岛某分区，两位警员向管理员拿了大厦天台的钥匙，秘密侦察非法活动的情况。他们进入全天上锁的天台后，竟然发现有一名男士躲在暗角，从天井望向顶楼单位一个打开窗户的浴室。当时浴室内有一名妙龄少女正在宽衣解带。她完全不知道有双色眯眯的眼睛正肆意地侵犯她的肉体，还轻松地整理秀发，然后优闲地洗浴。两位警员立刻上前拘捕了这名偷窥色狼。

随时手机录音

现时可供录音录影的器材十分微小，连手机都有这些功能。只要将色狼的说话和行为记录下来，在证据确凿的情况下，色狼就无处遁形了。

就算当时身上没有携带器材，也可以将手放入衣物之内，然后请对方再说一遍，接着告诉对方他说的话已经被

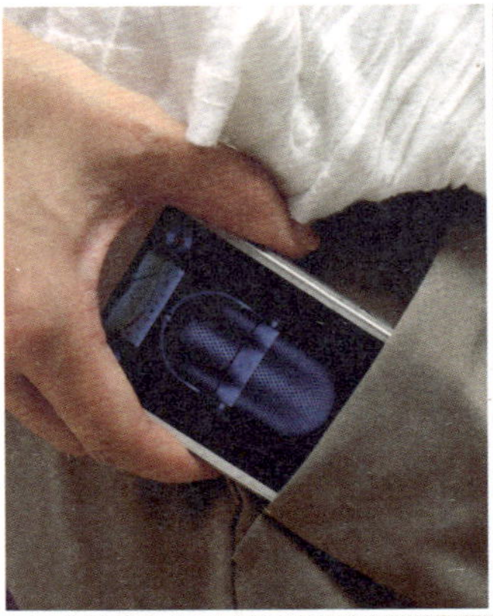

录下来了，将会作为起诉证据，在对方还没来得及反应的时候立刻离开。

如果不止一位女士曾经先后被同一名色狼性骚扰，证供的可信性就会相应地提高。所以，并非是在一对一的情况下，色狼就可以为所欲为。

公园里的偷窥

他们不知道危机已经出现，附近丛林之中有多个“草丛”正在注视着他们的每一个举动，而其中一个“草丛”还向着他们慢慢靠近。沉醉在温柔乡中的阿强，做梦也不会想到“草丛”是会移动的，所以身旁多了一小片“草丛”也没有察觉到。小雯闭着眼享受着情人的怜爱，更不可能察觉到四周的异样。当她搂着喘息不动的阿强时，感觉还有“物体”继续在自己身体上游走滑动！她惊吓得全身发软，轻声地告诉阿强那种奇怪的感觉。两人慢慢坐直身体，该“物体”随即悄悄离开了小雯的身体，两人睁开眼睛一同朝“物体”看去，赫然见到“草丛”在微微晃动。小雯以为刚才是有小动物舔她的身体，因而下意识大叫起来，阿强便伸手向“草丛”拍打，猛然发现“草丛”里竟然藏着一只“大动物”，吓得阿强整个人弹了起来，拉着小雯往后退开。

偷窥者被擒

“螳螂捕蝉，黄雀在后”。基于公园内的行劫和非礼案件增加，当年我和另外三位同僚被指派担任一项特别任务，扮演两对情侣，分布在公园里两个视野较广的角落，监视多次发生罪案的地方。上面整个过程都在我们的视线范围内发生，听到小雯的惊叫声后，我们立即行动，分别冲向丛林之中的两个“草丛”和那个移动的“草丛”。我飞身跪压在移动的“草丛”上，女同事用电筒一照，原来“草丛”的下面是一个穿了迷彩服并披上伪装掩体的“胡须男”，其他警员也在丛林中制服了两个穿着夜行衣服的男子。他们均配备了望远镜、长镜头相机、军用夜视镜、低光度摄像机等，正在伏着或坐着进行偷窥和拍摄。

在小雯提供的证据支持下，这名被我制服，在小雯身上享受手足之欲的“胡须男”，当即被铐上手扣，以非礼罪名拘捕。其他两名偷窥者因涉嫌与“胡须男”是同谋而一并带回署里调查。这些携带专业野战器材进行偷窥和偷拍的人，随着科技发达而与日俱增。

幽暗的丛林要格外留神。

一些人还在情侣经常聚集的地点设立长期观察站，与有同样嗜好的人一起分享经验和战利品，还有一些人像“胡须男”一样混水摸鱼进行非礼行为。

请女士们一定要记住，夜间的公园并不安全。由于警员较少在公园巡逻，有的公园甚至没有警员巡逻，因此不宜逗留。现在科技很发达，即使在没有灯光的地方也会被偷窥、偷拍。情到浓时情侣的警觉性比较低，容易被偷窥者盯上进行近距离偷窥和偷拍，而且一般不会察觉被色狼偷摸或不敢相信会被偷摸。一些坏人并不会因为有人偷窥、偷拍而不敢作案，因为偷窥者们只会坐壁上观而不会向受害人伸出援手。曾有奸劫案在众目睽睽之下发生而没有人报警，事后偷窥者还将片段放到网上与众人分享。

凌SIR的教导

时刻提高警觉

女士们，如果你们明知不宜在公众地方亲热，还要偏向虎山行的话，建议选择较空旷的地方，并且要牢记情到浓时也要时刻提高警觉，留意四周的异样。偶尔还要用强力电筒照射四周的可疑地方和物体，如有可疑的情况便立即离开。为了人身安全起见，宜聚在其他情侣的附近，以便互相照应。发现可疑人物时，应立即离开或报警求助。

狼窥伺

昔日驻守港督府期间，基于外面的街道曾经发生打劫情侣的案件，我们便在高危地点进行埋伏监视。守候了半个小时，看到一对情侣坐在树林对面的长椅上依偎着，他们“确定”四处无人之后，两人的双手便开始在对方的身体上肆意抚摸……当俩人旁若无人、欲仙欲死时，突然有两名男子上前用电筒照着他们喝问，并且扬言要将他们拘留，两人吓得魂飞魄散、浑身发抖地求饶，衣服也忘了整理，这名女子春光尽泄也不自知。目睹两名男子将男女分开调查并进行“搜身”，基于男警员不可以向女士搜身的规定，我们觉得这两名“警员”行为可疑，立刻现身制止并进行调查，发现这两名男子犯有冒充警察、偷窃和非礼三项罪行，于是将他们绳之于法。

女士们，在僻静地方“打野战”是非常危险的行为，不仅会有人偷窥，还有匪徒和色狼窥伺。不要指望你的男朋友有能力对抗带有武器的匪徒或几个匪徒的，万一出了事，你的男朋友还有可能弃你而去，只顾自己逃命，因此你尽量不要去冒这个险。

被警员巡查撞破好事，虽然有可能被批评教育，但总比被匪徒劫财劫色要好吧！

凌SIR的教导

不宜到僻静处寻欢

建议情侣们情到浓时也要注意安全。曾有匪徒在那些偏僻的酒店附近埋伏，专挑偷情男女打劫，甚至将他们劫上车强奸女士后再将两人推下车。这些匪徒之所以敢如此为非做歹，就是估计当事人事后不敢报警，怕丑事败露。所以，女士们切勿以身犯险，应选择地处闹市的酒店。

当自称是警员来调查时，女士们要记得索阅对方的证件，甚至记录对方的姓名和警号。勿让对方将你与男友分隔开来，双方应保持在视野范围之内，就算真的被警员调查，也是罚款而已，不用被惊吓得任由对方为所欲为。

远程偷窥

在家中沐浴肯定是一件舒适而享受的事，然而，你是否想过，在那个完全私人的小天地内，自己的一举一动，竟然会暴露在色狼们的淫秽目光中呢？还有一些无耻的色狼，甚至将美女出浴的香艳过程拍摄下来，放到网上与人分享！

在港岛某分区，两位警员向管理员拿取了大厦天台的钥匙，秘密侦察非法活动的情况。进入天台后，警员小雄正在侦查有嫌疑的单位，拍档大强挥手示意小雄向另一个单位望去。从天井望向顶楼单位一个打开的窗门，室内有一个浴缸。当时有一名妙龄少女正在宽衣解带，她完全不知道有两双色眯眯的眼睛，正肆意地在她身上打量。她轻松地整理完秀发后，然后在他们眼前优闲地洗浴。

这是小雄有生以来第一次见到一个成熟的女性胴体，他双目圆瞪、全身发软，被眼前的情景完全吸引了，浑然忘记自己正在执行侦察任务。他明知偷窥是无耻的行为，特别是在执勤时偷窥会损害警队的声誉，但是血气方刚的小雄无法抗拒，像被磁石吸着一样继续窥看，直至美女穿回衣服离开浴室，他还待在那里回味着！

凌SIR的教导

记得将窗帘拉上

女士们，不要以为自己的单位位处顶楼，天台是上锁的，天井又没有其他单位，在“绝对安全”的环境下便放下戒心。事实上，“最安全的地方却是最危险”，上锁的天台也有很多人前往工作，而且还会被人暗自配备了钥匙做些不可告人的“私务”，加上现在夜视镜和望远镜的功能非常先进，所以即使住在高层楼房里，无论距离对面的楼房有多远或在夜间，都要提防你望到的地方，谨防有人利用高科技器材偷窥你！所以，为了安全起见，洗浴时请记得拉上窗帘。

裙底春光

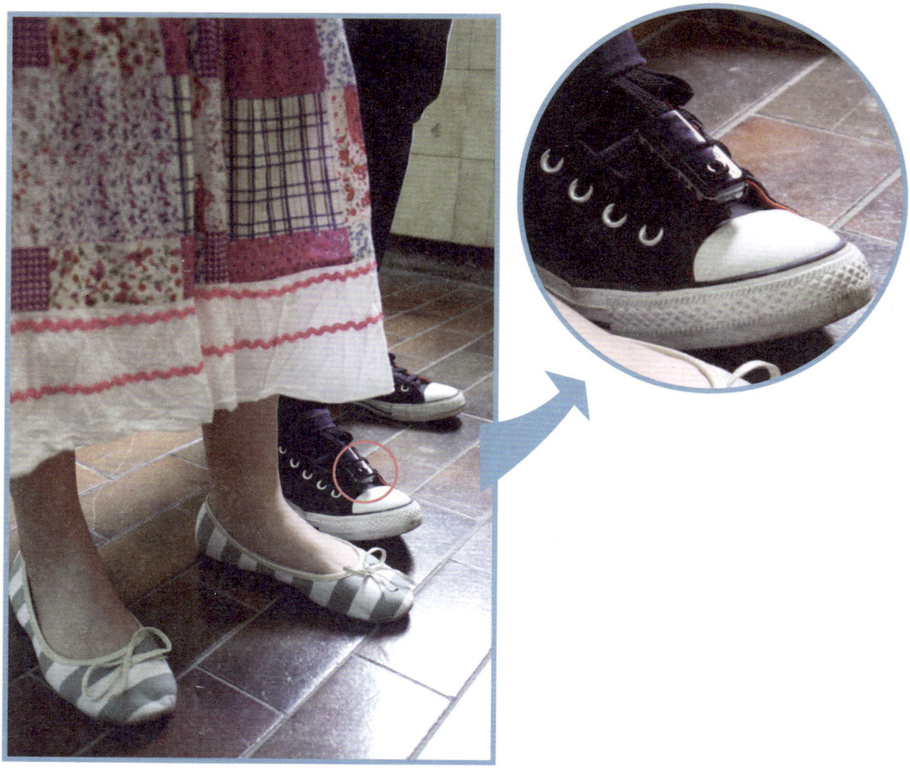

与多年前相比，现在用摄像机或手机偷拍女子裙底的行为更甚，被偷拍的危险位置无处不在。例如：从楼梯下面、天桥底下、对坐的座位等，向上或向前偷窥、偷拍女士的裙底；从楼梯上面向下偷窥、偷拍女士的乳沟。其中，特别要注意的是，乘搭自动行人电梯时，要注意前后两个方向，特别是站在身后的男士，要防止他用摄录器材偷拍你的裙底春光。

多年前一位艺人被控在超市利用隐藏的摄录机偷拍女子裙底春光的案件。整个过程被超市保安目击并报警，警员抵达后人赃俱获，当场搜出拍有裙底春光的视频。可惜，原告证人基于某种原因不愿出席法庭，导致控方不能提出刑事(游荡罪)起诉。在被告承认案情的情况下，最后改以具保守行为(偷窥行为)方式处理。

偷窥、偷拍是某些男士的一种心理疾病，就算他们有正常性生活，也可能会去做偷窥的行为。女士们需提高警觉，留意隐藏在上述地方附近人士的动态和眼神。有可能当你出现时那些色狼便会接近你进行偷窥、偷拍。

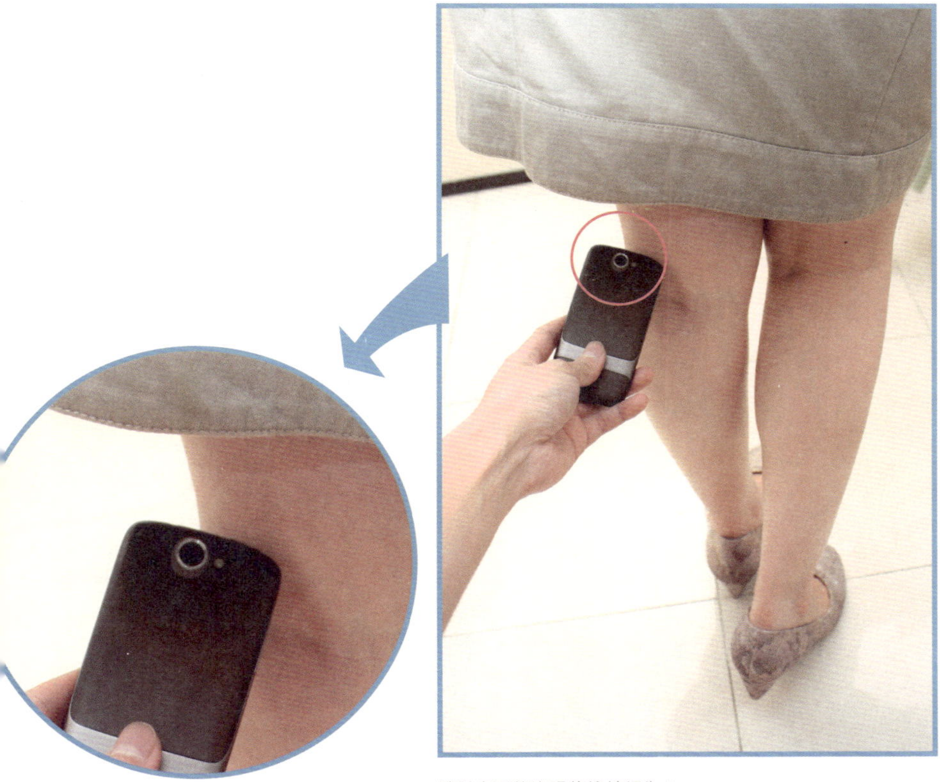

随时有可能出现的偷拍行为！

凌SIR的教导

侧身乘搭电梯

当你发现色狼的行为时，要用凌厉的眼神盯着对方作为警告，同时用手或物件遮挡住靠近色狼的裙边或胸口。使用自动扶梯时，要防止色狼在身后偷窥、偷拍，最简单的防范方法是采用横向站立的姿势，双手搭在面前的扶手之上，这样，身后人的一切动静都可以一目了然。

任何人发现有人偷窥、偷拍，都可以担当证人，协助受害人指证色狼。如果能将证据存在摄像机或手机中，报警后警察便能立即人赃俱获，让色狼无从抵赖。当社会中多了主动打击犯罪的人，罪犯们便不敢明目张胆，在众目睽睽之下为所欲为了。当然，管理人员和警方更应主动执法，制止色狼的不法行为。

在自动扶梯上侧身站立，可监视身后人的动静。

偷摄偷录

发生在私人地方的偷拍事例多不胜数。例如：色狼在家中的厕所里安装摄录机偷拍女友如厕；色狼邀请数位女性朋友到家中洗澡，利用暗藏在浴室内的摄录机偷拍她们的洗浴过程；色狼在女朋友居住的大学宿舍内衣柜顶暗置摄录装置，偷拍女朋友和女室友更衣……上述所有事件都是在受害人不知情的情况下进行的，这些行为都属于侵犯别人的私隐。

在当今社会，手机、相机、DV的普及，使社会各个层面几乎处在一个无时无刻、无所不在地被“窥视”、被拍摄的状态中。这么多的拍摄素材，成为一些人满足虚荣心的捷径，也为一些别有用心的

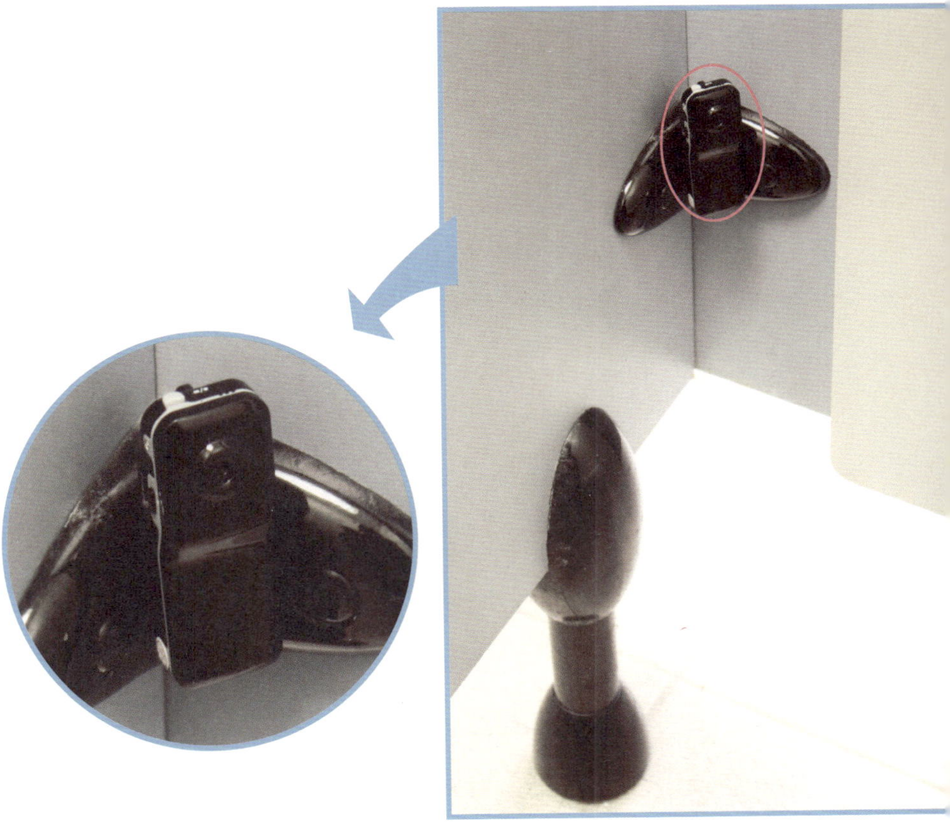

人提供了“舞台”。

我国的《治安管理处罚法》中第四十二条规定：偷窥、偷拍、窃听、散布他人隐私的行为，依法处五日以下拘留或者五百元以下罚款；情节较重的，处五日以上十日以下拘留，可以并处五百元以下罚款。

在现实生活中，公民个人如何防范被偷拍？公民个人要加强在生活中被人偷拍的防范意识。特别是女性朋友，在夏天穿裙装时，出入公共场合，要特别注意防范。入住宾馆时，要多注意房间中的镜子、吊灯等地方。最简单的测试方法之一就是打开手机在房间扫一遍，如在某处突然没有信号，就说明此处有可能装有偷拍设备。夏天要注意将居室里的窗帘拉上，公共场合要注意自身素质的培养，不做不文明举动等。

偷拍的地方无处不在，要小心！

凌SIR忠告色狼

侵犯别人的行为过了火演变成非礼，或将照片、影像作为威胁或恐吓等非法用途，到时候照片和影像带便成为刑事罪的有力证据，你将会作茧自缚被诉公堂，所以奉劝一些人千万不要玩火自焚啊。

凌SIR的教导

浴室是偷拍高危区

私人地方并非绝对安全，尤其是到访独身的男士居所，女士们需要提高警惕。厕所和浴室都是高危区，切勿在别人家中洗澡等。

换个角度想想，如果对方想偷窥和偷拍，他会在什么位置偷窥和怎样偷拍？然后检查一下这些地方并做好预防措施。储藏杂物多的地方最容易隐藏偷拍器材，天花板和镜柜是较常见的隐藏位置。如果发现了隐藏的器材，可悄悄带走它，但不要自己保存，避免色狼恶人先告状，报警说你偷窃了他的摄录器材，被警方搜查时惹上官司。建议交给可信任的亲友保存备用，有需要时才交出来，作为指控色狼的证据。

迷奸

曾有一名十五岁的少女在迪士高狂欢时，被人在饮品中下了药。当她苏醒后发现自己全身赤裸地躺在酒店的钟点房内，由此怀疑期间被七名男子轮奸过。

我国刑法第二百三十六条规定：以暴力、胁迫或者其他手段强奸妇女的，处三年以上十年以下有期徒刑。

奸淫不满十四周岁的幼女的，以强奸论，从重处罚。

强奸妇女、奸淫幼女，有下列情形之一的，处十年以上有期徒刑、无期徒刑或者死刑：

（一）强奸妇女、奸淫幼女情节恶劣的；

（二）强奸妇女、奸淫幼女多人的；

（三）在公共场所当众强奸妇女的；

（四）二人以上轮奸的；

（五）致使被害人重伤、死亡或者造成其他严重后果的。

强奸，是一种违背被害人的意愿，使用暴力、威胁或伤害等手段，强迫被害人进行性行为的一种行为。当被害人因为酒精或药物的影响，而无法拒绝进行性行为时，与其发生性行为也被视为强奸。

俗称迷奸水的羟丁酸GHB（Gamma Hydroxy Butyricacid），是一种中央神经镇抑剂，可帮助减轻焦虑及产生松弛的感觉，一般用作安眠镇静剂，是无色无气味（似水）的液体，有时也呈粉剂状，略带咸味，溶解性极高。从20世纪90年代起，滥用者暗中将它混入朱古力、饮品或食品之中让女士服食，轻则会导致服食者失去知觉数小时任人摆布，重则会导致昏睡昏迷，甚至立即停止呼吸而死亡。美国和台湾证实曾发生过数十起喂服GHB性侵致死案件。在1990年美国已将GHB列为非法药物，香港则于2001年10月才将GHB列为危险药物，禁止贩卖及制造，违反者将会判终身监禁及罚款500万元。

也有坏人将其他迷奸药加入少女进食的食物中，使她产生幻觉，误认对方为心目中的偶像，自愿与他发生性行为。有些催情春药可迅速溶解于水，女士服用十分钟后，会产生一种强烈的性爱欲望，随之春心激发、身软如泥。还有一些催情药会让女性情欲高涨而狂放亢奋，行为变得淫荡起来。

凌SIR的教导

“杯不离手”

不要饮用提前预备或开封的饮料，同时不要轻易接受来路不明的饮料、食物和药物，一旦感觉头晕、神智有些不清的话，请立即离开现场和通知家人，并且尽快就医。谨记“杯不离手”的原则，饮料离开视线之后不要再饮用，以免有人乘机下药。

有条件的话，最好自备饮料和食物。与朋友结伴活动时，让其中一人扮演保安的角色，时刻保持清醒和冷静，以保护同行者。

尽量杯不离手。

酒吧迷醉

两名警员巡逻时见到两名男子掺扶着一名喝醉的少女正从酒吧离开，警员上前截查时发现两人神色有异，他们既不知道少女的姓名，也不知道她的住处。警员将这些人带回酒吧调查时，得知少女独自一人饮酒时，两名男子曾上前搭讪共饮，不久少女便醉倒了，整个过程酒保全看在眼里，但直到目送这几个人离开他都没有理会。

虽然警员估计这两名男子心怀不轨，欲趁少女醉酒而占她的便宜，但由于当时缺乏证据证明这两名男子的犯罪意图或企图，警员们只能记下两名男子的资料，以备日后跟进。后来警员在少女身上找到了手机和身份证，从手机的通讯录中联系到少女的亲人，通知他们协助少女回家，并留下联系电话供少女在有需要时报警求助。

少女在酒醒之后打电话给警员致谢，表示那天心情不佳而借酒消愁，差点惨遭狼吻，遗憾终身，承诺以后再也不敢妄为，对这件事不欲追究，所以警方也无法起诉。

心情欠佳易喝醉

酒吧是不少男女猎艳之地。就如一座原始森林，酒吧是奉行“森林定律”——弱肉强食的地方。当美女出现时，大家都会虎视眈眈，择机而噬。

心情欠佳饮闷酒最易喝醉，而且还会借着酒意放纵自己，不少色狼便乘人之危占便宜，之后逃之夭夭。更有甚者拍下裸照、视频留作日后威胁勒索用，以致后患无穷。

市面上不难买到迷奸水、兴奋剂、春药、毒品等，女性面对的危险大增。当今这个社会不是一个童话世界，而是充满坏人的黑森林！

凌SIR的教导

不可放任独饮

如果警员在条件允许的情况下，暗中跟踪这两名男子，当两名男子进行下一步实质行动时才采取行动，就可以人赃俱获了。

女士们在任何情况下都不能放任自己独自饮酒，最好找信任的亲友相伴。在微醉时应致电给信任的亲友让他们送自己回家。醉酒时切忌自行回家，因为醉倒街头的案例不少，在步行或乘车途中被侵犯的案例也不少。

在最坏的情况下应向酒吧职员求助，不要独自离开。所谓“跑了和尚跑不了庙”，除了亲友之外，酒吧职员是比较可以信任的人。因为出事的话可以追查，或让酒吧职员证明有哪些人曾与少女在一起。

如果酒吧职工都纵容罪行的话，坏人便无所畏惧，将这种营业的地方变成罪恶的温床。建议各位老板在酒吧里安装闭路电视监控系统拍摄所有离开的客人，以便协助警方调查。

保安员不保安

酒吧的保安，遇到醉酒的客人在酒吧内闹事，不论男女，都会将他们驱逐出酒吧。遇到喝醉的女性发疯骚扰客人，会强行将她们抱出店外弃在街上，因而经常会在大街上见到跌跌撞撞甚至睡在街头的醉美人。

酒吧里的保安很多都是有背景的人士，所以他们有能力维持酒吧内的秩序，不怕有背景的人士来滋扰生事。当然，这些保安也会坚守河水不犯井水的江湖规矩，不会干预有背景的人士在俗称为

"公海"的公众地方的行为。因此大家会和平共处，而维持"公海"的秩序则是警方的责任了。

酒吧里的保安们曾目睹醉美人在"公海"区被狂蜂浪蝶搭讪，被趁醉侵犯、被搂抱乘坐的士离去或进入附近横巷中亲热等。因为不知道这些女士是否是自愿的，而且那些地方也不属于酒吧的范围，所以保安认为"无权"阻止，也不便干预，形成各家自扫门前雪的态度。等到后来才发现女士被弃卧街头，男士则不知去向。受到性侵的女士清醒之后才知道自己吃了大亏，但也不知道对方是谁。

清醒后须报警

奉劝各位女士们，不要以为在酒吧里买醉，就算醉倒也安全，因为连你自己也未必知道酒醉后的行为表现。保安员们不是你的保姆，你走到大街上他们是不会阻止你的。当你骚扰其他顾客时还会被逐离酒吧，他们并没有责任保护你、照顾你，所以还是自求多福好了。

万一你不幸受到性侵，清醒之后一定要赶紧报警，警方遍查附近的摄像片段后，可以通过侦察手段将色狼捉拿归案绳之于法。

派对下药

流行一时的狂野派对（RAVE PARTY），因滥药问题引致警方介入。我在警区担任特别任务队主管时，曾多次率队巡查，目睹数以百计的男女情绪亢奋，沉醉在闪光劲乐之中，就像进入了一个迷离世界。

我们每次突击巡查都会发现毒品。有一次进入厕所巡查，女警竟然在女厕内发现一名衣衫不整、下体裸露的迷幻少女，意识到她可能被迷奸过，立刻将她送到医院医治和检查。少女清醒之后知道自己可能曾被别人性侵犯，但拒绝报案，这个事件便不了了之。

人群中被性侵

由于派对时环境太嘈杂、太昏暗、太混乱，加上酒精、药物、劲歌音响的“催眠”，受害人在人群之中迷迷糊糊地被侵犯，就连身旁的人都不知道旁边发生了什么事。曾有受害人回忆，她与一帮女性朋友一起进场后，不久便沉醉在现场的气氛中。后来有一帮男士加入跳舞，熟络之后一起抽烟饮酒，她很快便神志模糊了……醒来时她已经躺在了医院的病床上。

女士们跟随潮流又不顾自身安全，如果没有亲友贴身照应，在奉行“森林定律”的娱乐场所，试问纤弱的女士怎能逃过虎狼之口呢？就算场外有警员值班，中途会进入会场突击检查，依然不能完全阻止场内贩毒、滥用药及各种罪行的发生。

外国发生过不少类似的案例。比如，十多人参加私人派对时，不知是谁在饮品中混入了催情药物，导致在场的人在药力的作用下玩起了淫乱性派对。

结伴出席派对

参加派对时独自出席是不可行的做法，所以最好与信任的亲友结伴出席，至少有一人必须时刻保持清醒，以便在现场出现异样时可以及时应变和求援。

建议结伴出席派对，以便相互照应。

网友约会时的防卫之法

如前所述，与网友见面属于高危的约会。因为你不能完全了解对方的真正身份和个人资料，更不用说对方的性格、行为和背景了，万一被对方侵犯，事后也很难追查。

曾有一名女士与男网友在网络上交往了数月，情到浓时与对方相约见面，赴约时才发现对方并非照片中的人。经不住对方甜言蜜语的狡辩，这位女士还是接受了对方，之后，男方便消失得无影无踪。这位天真的女士还在网络上要求网友帮助她寻找“爱郎”，而她所掌握的男方资料和照片，证实另有其人。网络世界风险之高可想而知了，其他的如性侵、禁锢、逼良为娼甚至被杀害的案例也多不胜数啊。

凌SIR的教导

约会前核实对方资料

约会见面之前必须核实对方提供的个人资料是否真实。取得初步的个人资料后，再要求对方提供显示其姓名的工作证件和住址证明，然后索取对方的近照供见面时辨认。为了避免对方使用他人的证件、资料和照片，还要让对方拿着你指定日期的报纸或杂志合照，显示正面脸部。这招一出，使用别人资料和照片的坏人将会无处遁形、知难而退了。

遭淫照、淫片威胁时的自救法

司机阿旺虽然已经结婚并且育有一女，但他还偷偷地与比他年轻16年的莉莎发展婚外情。两人相恋三年之久，莉莎才发现阿旺已婚，提出分手时遭阿旺拒绝，并声称有俩人交欢的录像片段，如果莉莎不肯与他再赴“巫山”，便将录像上传到网络上公诸于众。

莉莎并没有理会阿旺的威吓，在其后一个月内，阿旺向莉莎进行短信轰炸，并向莉莎的母亲施压，威胁对方称要将她女儿的裸照及淫欲短片放到网上，让她们的亲朋好友观看。莉莎依然没有就范，但是她不堪如此折磨，患上了严重的抑郁症。某天晚上在家中写下遗书后服药自杀，幸好被她的母亲及时发现，报警后将她送往了医院。

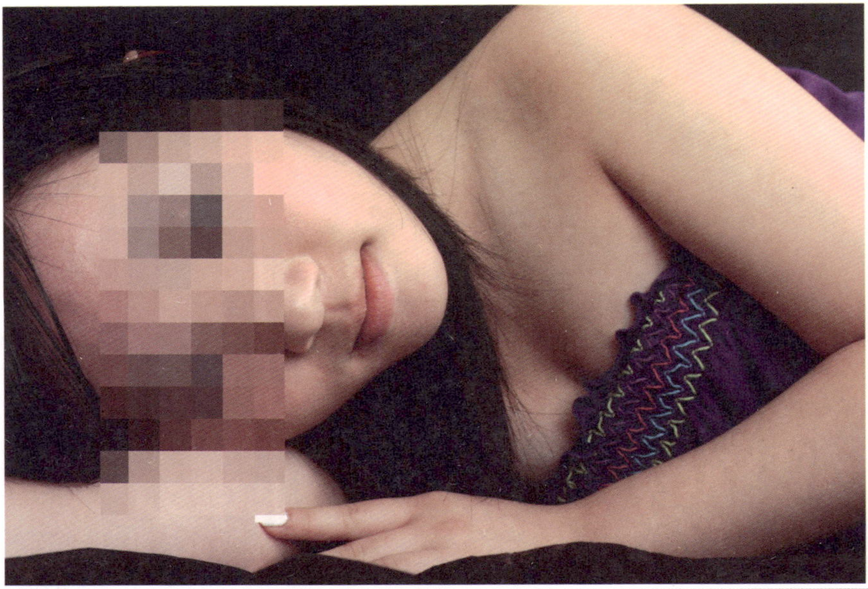

与办案的同事谈论这起案件时，发现阿旺其实并没有拍摄与莉莎做爱的片段，完全是为了威吓对方而虚构的。但其行为实际上已对别人构成了威胁，并多次恐吓莉莎及其母亲，企图达到强奸的目的。阿旺的行为已涉及多条刑事罪，最后被抓捕入狱。

笔者深感不少人缺乏法律常识，而不敢报警求助，社会上也缺乏专门的支援网络来帮助受到坏人威胁的女士。

法律内容

恐吓

所谓的恐吓威胁罪，我国现行法律没有规定此罪。只是存在恐吓威胁行为，这个行为可以根据《中华人民共和国治安管理处罚法(主席令第三十八号)》第四十二条规定进行处理。

《中华人民共和国治安管理处罚法》第四十二条规定：有下列行为之一的，处五日以下拘留或者五百元以下罚款；情节较重的，处五日以上十日以下拘留，可以并处五百元以下罚款：(一)写恐吓信或者以其他方法威胁他人人身安全的；(二)公然侮辱他人或者捏造事实诽谤他人的；(三)捏造事实诬告陷害他人，企图使他人受到刑事追究或者受到治安管理处罚的；(四)对证人及其近亲属进行威胁、侮辱、殴打或者打击报复的；(五)多次发送淫秽、侮辱、恐吓或者其他信息，干扰他人正常生活的；(六)偷窥、偷拍、窃听、散布他人隐私的。

威胁性交

香港特区法例第200章刑事罪行条例第119(1)条“以威胁促致他人做非法的性行为”规定，任何人以威胁或恐吓手段，促致另一人在香港或外地做非法的性行为，即属犯罪，一经循公诉程式定罪，可处监禁14年。

威胁性交在我国内地属于强奸罪，具体内容请参见第96页。

诱奸

香港特区法例第200章刑事罪行条例第120(1)条“以虚假借口促致他人做非法的性行为”规定，任何人以虚假借口或虚假申述，促致另一人在香港或外地做非法的性行为，即属犯罪，一经循公诉程式定罪，可处监禁5年。

“借口”(pretence)或“申述”(representation)，包括与过去、现在或将来有关的借口或申述，还包括与使用借口或申述的人或任何其他人的意图有关的借口或申述。

诱奸在我国内地属于强奸罪，具体内容请参见第96页。

以上阿旺的案例，最终香港警方引用“威胁性交”起诉，定罪最高可处监禁14年。

不能逃避或拖延

一些人之所以成为被胁迫的对象，背后必定有其原因，而且十有八九都是自己无法解决问题，建议这些人要尽快找人帮助。

受到胁迫的人必须勇敢面对事情，不能逃避或拖延。因为对方绝对不会放过你，你逃得了一时逃不了一世，性侵犯的发生只是迟早的问题而已。

曾被媒体连载报道了两个多星期的V太太被迷奸案件，就是从无中生有变成就范之后被拍摄多次，从迷奸演变成和奸的活生生的案例。一开始是色狼声称拥有V太太被迷奸时偷录的声音资料，威胁她再次与他做爱，V太太就范后才真正被色狼拍下做爱的视频，其后色狼以做爱视频威胁她不断与他发生性关系。

女士们请记着，如果色狼成功地勒索了你一次，我可以肯定地告诉你必定会有下一次。色狼只会得寸进尺，绝不会停止的。不少案例都是女士在色狼的无止境勒索下，不能满足色狼时，最后报警求助。所以，为何不在第一次遭勒索时便向警方求助呢？

凌SIR的教导

确认淫照或淫片的真实性

受到恐吓勒索时要让对方将有关的照片或视频片段发给你看一看，只有肯定了对方真正拥有声称的资料才做回应。

当坏人公开你不为人知的秘密时才会对你造成威胁，所以化解威胁的一个方法就让有关的秘密不再是秘密。在受到恐吓勒索时，建议主动向有关的伴侣和亲友透露这件事，就不再受到对方的威胁了。

如果想阻止照片或视频散播，删除已经在网络上流传的照片或视频，只有求助于警方才行，所以你应该快报警求助。

求职时的防狼法

在人浮于事的环境下，要提防色狼利用你求职心切的心态，设下陷阱骗财骗色。

求职时应找有一定规模和知名的公司为优先考虑的对象。对于规模较小和知名度低的公司，事前要搜集并打听清楚招聘单位的资料，确认其声誉和信用后才能前往求职。对于招聘广告内容不明确、不详细的公司，切勿轻易前往应聘。

如果面试时间安排得太早或太晚，甚至是办公时间以外的时间，则要提高警惕。在求职面试时，最好有朋友陪伴前往并事先携带防身器材。需要更衣时要留意可能会隐藏摄录器材的位置，以免被拍下暴露的照片或录像。在求职面谈时，切忌轻易接受男性提供的饮食、点心或饮料，留意对方的行为表现。当对方邀请你前往其他地点见面时要果断拒绝，因为声称能提供职位但需要以性作为回报的人一定是行骗的色狼。

偷食

无论单身、未婚或已婚，也无论男女、年纪大与小，都可能会发生背着伴侣“偷食”的情况。这里不谈道德和对错的问题，主要谈的是安全和善后的问题。

根据以往的经验可以知道，绝大部分男女在身心满足后都不会做出“偷食”行为。其一是“吃饱了再吃不下”，其二是承受不起“偷食”的恶果，因而不敢越雷池半步。

然而，当你的梦中情人出现在眼前，天时地利都配合，并且双方都知道事后不用承担任何“责任”的话，面对这样的环境，一般凡人都会“劫数难逃”，像亚当夏娃一样去偷尝禁果。在人欲横流和色情资讯泛滥的年代，无论男女、年龄大小，在缺乏爱情滋润和性苦恼的情况下，召妓、一夜情、发展短暂或长期性关系，可以说已经成为不少男女生活的一部分。本人曾做过富豪的保镖，当老板出外“偷食”时，除了为他提供专业的保护，不让老板娘发现蛛丝马迹外，还要防范狗仔队的跟踪，不让其成为杂志和报纸的头条。另外，要彻查老板“偷食”的对象，并且早作安排，防止对方向外

张扬这件事。

“偷食”原本只是个人道德操守和对伴侣忠诚的问题，但一旦被坏人抓住了把柄，就会利用你“偷食”的行为作为要挟，满足其私欲。在“偷食”的过程中，不少未经“培训”的男士也曾出过事，更别说女士们了。曾有一位退休警长背着妻子在家中召妓，被坏人威胁勒索了20多万元，在不断被勒索时才被迫报警求助。

女士们，男士明知你是背夫偷汉或瞒着男友偷食，在吃了亏或被欺凌时也不敢张扬。向女性朋友求助时，她们也不能提供专业的意见，在孤立无援之下只能“哑子吃黄莲，有苦自己知了。”更有甚者，一失足成千古恨，被对方威胁终身。

过去了的事不能改变，只有勇敢面对才有机会解决问题。比起奢望坏人放过你，不如请求伴侣宽恕。

保卫手段是专业的，相关细节因人而异。如果有查询、求助的需求，可写信给我，本人的电邮是：lingkimkong@gmail.com。

第五章

突然被袭时的应变之法

人体的天然武器

如前所述，防狼并不是以暴制暴，然而，在受到突然袭击时，还是需要灵活应变来保护自己和谋求脱身。

很多漫画和电影向读者和观众传递了不少错误和不切实际的做法。例如女士被侵犯时脱下高跟鞋击打对方，其实这样很容易失去平衡而跌倒，正确的做法是当即用尖利的鞋头狂踢对方上下五寸(即小腿前方位置)或下阴，当对方受创之后再脱掉高跟鞋赤足逃命。

用尖利的鞋头攻击对方，当对方受创后就要脱掉高跟鞋逃跑。

用拳头重击对方的鼻子，可以在一击之下就让对方受创。

二指插眼的方法绝不能用！因为容易弄伤自己。

拳击对方鼻子

用粉拳击打色狼的身体或面部的做法是错误的。未经训练的你根本打不痛对方，不懂握拳的你还会在打击色狼时扭伤手腕或弄伤自己的手指关节，甚至会激怒对方招来更大的暴力伤害。本人建议你可以握拳狂击对方的鼻子，只要击中了，就有可能使对方受创，这样你就有机会逃离了。

切勿轻信别人教你用二指插色狼双眼的凶狠招数。就算是我这个习武多年的大男人，面对匪徒时也下不了这样的毒手！你们这些心地善良的纤弱女子，更会因为犹豫而难以出手。况且，如果你的手指插不中对方的双眼，而插中头骨或面骨时，受创的反而是你啊！

缺乏练习，难以制敌

任何自卫术都会教你击打对方的弱点和要害，但是在缺乏实践和练习的情况下，这些自卫术就像长年放在墙边过期的灭火器一样，当危机出现时便派不上用场了。

速度和力量是决定攻击时成功与否的重要元素，太慢会被对方闪避，如果缺乏力量，击中了也不能达到预期的效果，而且还会激怒对方，到时受到的伤害将会更大。

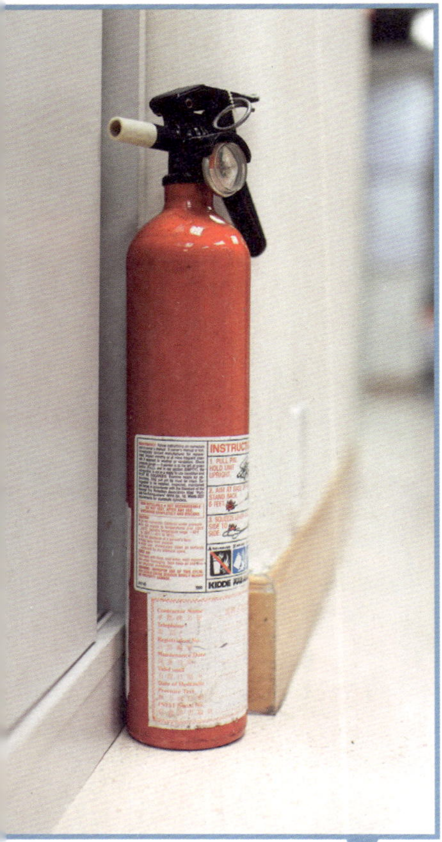

缺乏练习的自卫术，就像过期的灭火器无法救灾。

在学习攻击之前，各位先来认识一下自己的身体。上天已经赐予我们不少天然的武器，从头至手脚多达十多件，只是我们平时生活在文明和太平的社会中，没有注意而已。

膝

拳

肘

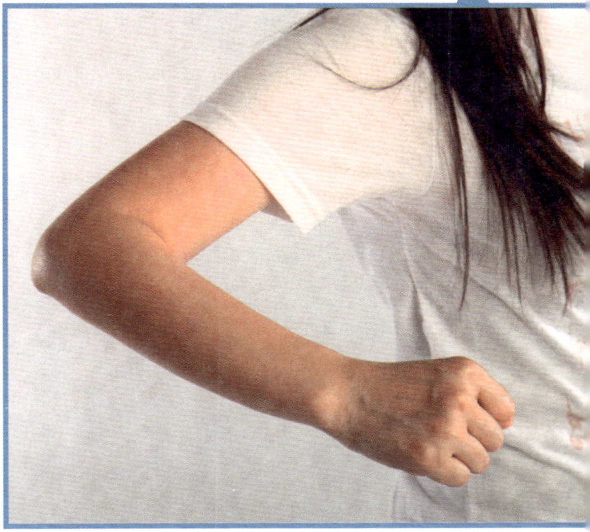

头部的武器包括前额、后枕和牙；手部的武器包括拳、掌沿（手刀）、半拳（豹拳）、单指、双指、四指、拇指、前臂、肘等；脚部的武器包括膝、脚掌、脚沿（脚刀）、脚跟等。经过训练，以上的天然部位都可以成为极具杀伤力的武器，但是需要付出相当长的时间，并且要经过不断地锻炼才能发挥威力。总而言之，一般人较易运用的人体天然武器，我只建议使用三件：拳、肘、膝。

随身可用的武器

将钥匙取出紧握在手里，并且让金属钥匙从指缝间突出。

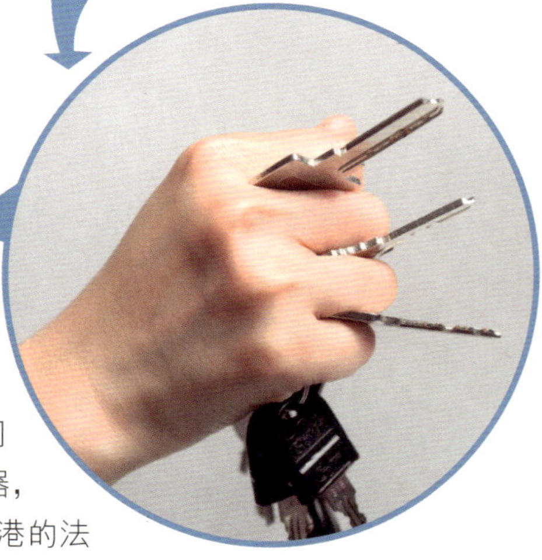

受到袭击时，立即用这个“武器”使劲攻击对方的脸部。

未经训练的女士一般不知道如何运用身体的天然武器，而随手拿起的物件更容易成为她们的自卫武器，例如厨房的刀具利器，不用教也懂得使用吧。但是，香港的法例认为，保护市民是警察的责任，任何人外出都不能携带刀具利器作防卫用途。就算是外国允许合法携带的防狼器，在香港携带外出也会被指控“藏有攻击性武器”的罪名，切勿以身试法。

女士们每天外出时携带的用品中有很多都能在受袭时作为防狼自救的武器。例如钥匙，上班和归家途中，当你进入危险区域之前将钥匙取出，让金属钥匙从指缝间突出，然后握紧成为一个有刺的拳头。在遇到突然袭击时，无需思考立即将这个“带刺的拳头”击向来袭者的面部，在对方受创后立刻逃离。事后切勿说这是自卫行为，只用解释是遇袭时的本能反应而已。

指甲钳上的小刀、指甲挫、眉钳、尖梳等也可以用来对付向你动手动脚的色狼。拿这些东西用力戳他们的手背、大腿或脸部等，以吓退对方或赢取时间逃走。

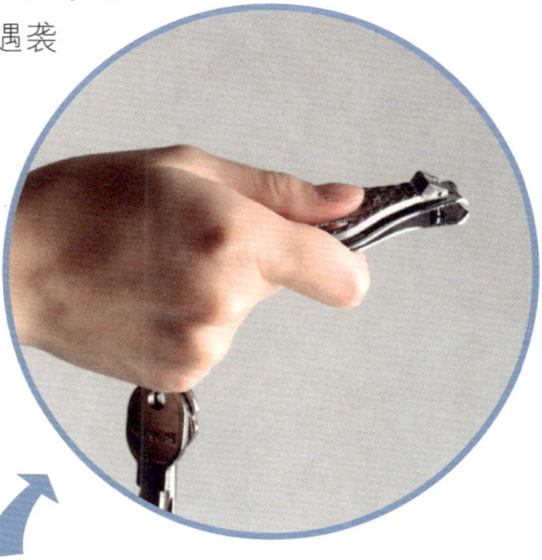

锐利的指甲钳、指甲挫、眉钳、尖梳等，也具有一定的攻击威力。

用伞尖刺向施袭者的脸部，是最具威力的攻击方法

小时候看漫画，里面的女主人公都会拿着伞迎头痛击色狼，直至伞被打弯了。事实上这个方法是外行人的做法，不能信以为真。正确的做法是用伞尖直刺向对方的脸部。

对付色狼还可使用随身携带的“暗器”。相信每位女士的手袋中都有喷雾、香水、粉底等物品吧，当色狼阻拦不让你离开时，可以拿出这些物品作为“暗器”使用。将液体或粉末喷洒向对方的眼部或鼻部，当对方受到刺激时，你再将坚硬的容器，如玻璃瓶、粉盒等掷出，攻击对方的脸部和头部，

用香水喷向色狼，阻碍对方的骚扰，争取时间逃走。

然后逃离。

部分女士外出时会携带发声器具如哨子、银鸡、防狼器等，在有需要时使用这些东西能吸引其他人的注意，但是必须注意将器具放在随手可及之处，否则在危急关头便无法取出使用了。另外，在没有人施予援手的偏僻地点，发声器具未必能够吓退对方，最好还是专心逃跑吧。

无论作出什么反应，都只是争取机会逃离。有怀疑的时候，尽早反应切勿犹豫。

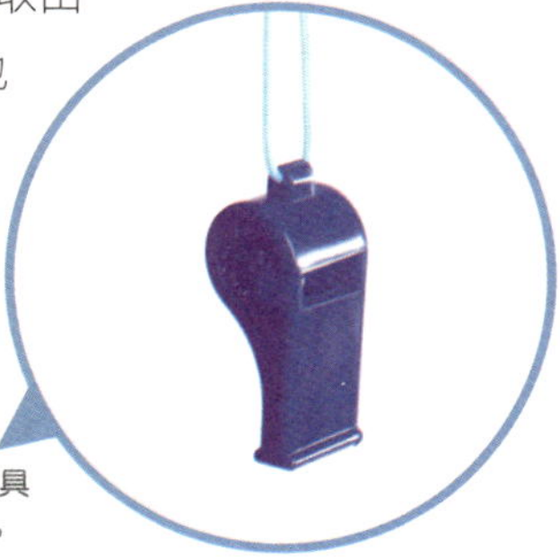

哨子的声响具有阻吓作用。

粉盒

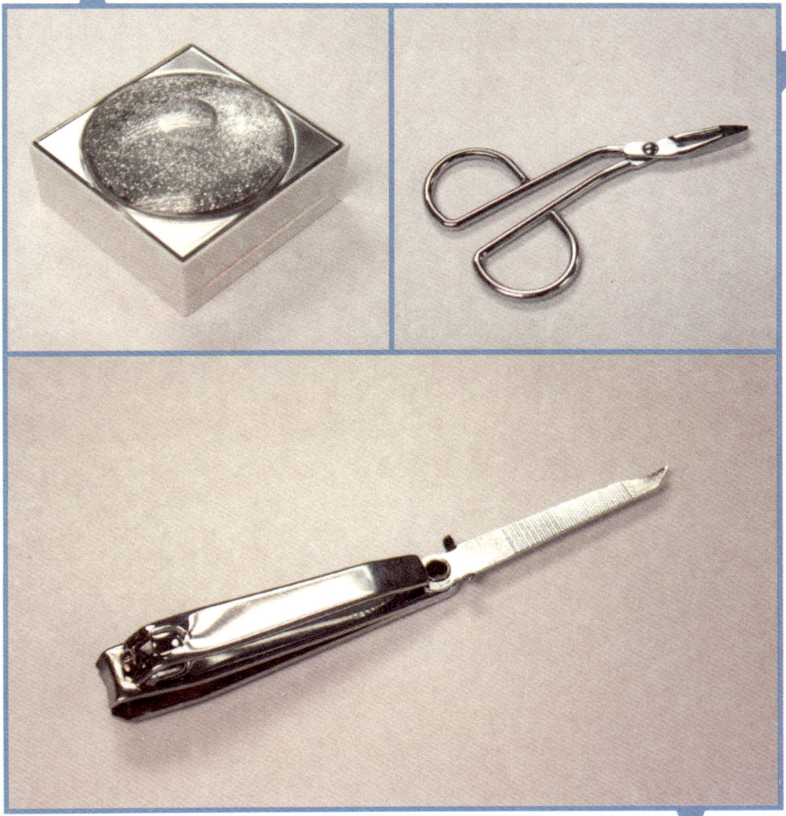

眉钳

指甲挫

人身弱点

我曾经在培训班做过不少测试，学员们学习了攻击技巧后，对着一个站着不动、穿着全身护甲的“色狼”时，她们却无从下手，不知道应该攻击对方那一处。

现在我就为大家分别介绍人体的一些弱点吧。首先将身体分为四部分：头、上身、下身和脚。

头部的弱点包括眼、头发、太阳穴、耳、人中、鼻和喉咙。眼睛，不用解释也知道它在受到攻击时很容易受伤，然而眼睛也是最难命中的地方，因为眼睛最易看到来袭而避开。头发，一经被抓着便很难脱身，头皮被拉扯的痛楚能让对方不会乱动。双耳，被抓着的效果与头发被揪一样，能够控制对方。另外，如果用双掌同时拍向对方双耳，气压会对耳膜造成伤害，使对方感觉剧痛而晕倒。人中是一个穴位，重击时会让对方痛至晕倒。鼻子，碰撞一下会让对方痛得眼泪直流，如果重击会让对方鼻血长流甚至剧痛晕倒。喉咙，重击时会让对方窒息而晕倒。但是，如果对方将下巴收紧，喉咙就会受到保护而不易被击中了。

上身的弱点包括胃神经丛和一对浮动肋骨。泰拳和西洋拳中的上身攻击都集中在这两处。胃神经丛被重击时人会痛到晕倒，浮动肋骨被重击时会折断，只要一呼吸就会感到剧痛，折断的肋骨刺到肺叶的话更是动弹不得。

下身的弱点包括丹田和睾丸。丹田被重击受创将无法运气，睾丸被击中时会立即眼前一黑倒地晕去。

脚部的弱点包括大腿神经丛、膝盖、上下五寸、脚面和脚趾等。大腿神经丛被重击时会痛得失去知觉而无法站稳。膝盖被重击时很容易碎裂，只要一动就会感觉剧痛。上下五寸、脚面和脚趾等被重击时，会痛得泪水直流。

人体的最大弱点示意图：

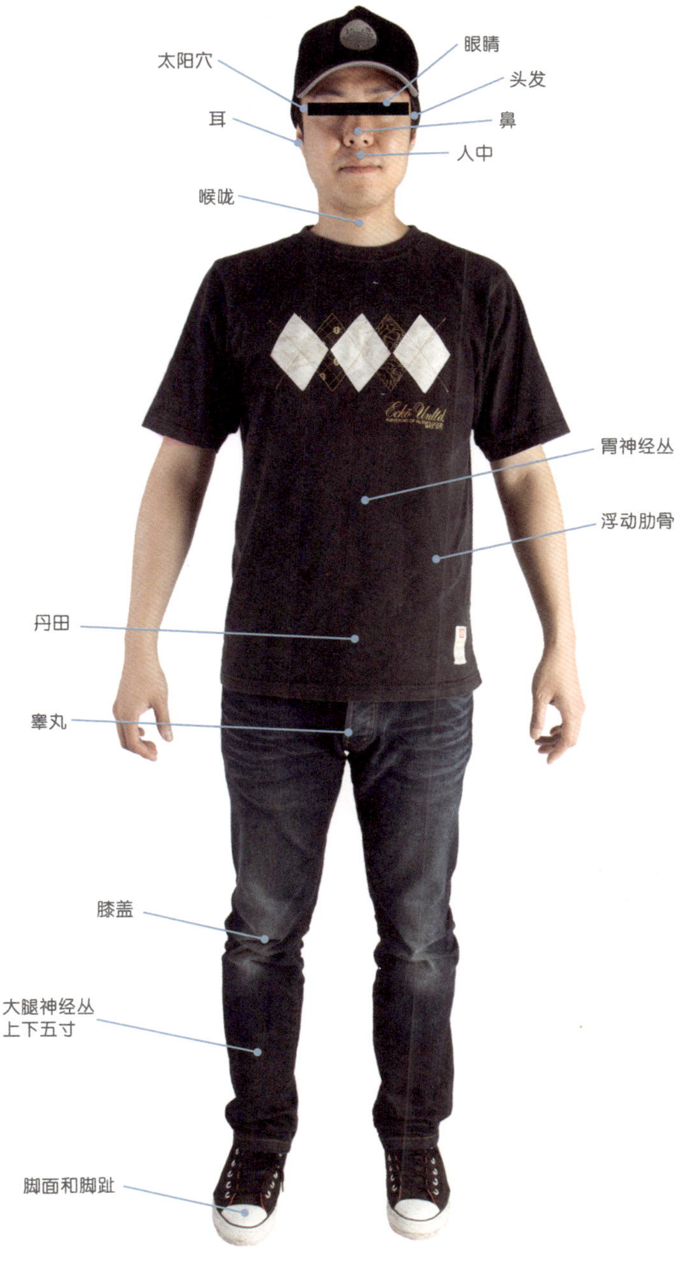

突击自救术

突击自救术，只建议在无法逃离、必须攻击对方才能逃走的情况下才使用。如果没有把握一击即中，或者对采用攻击没有信心，就切勿进行突击了，因为突击失败将有可能招来更大的伤害。决定了动手突击就不能保留人性，要发挥内心的兽性来对付面前这个没有人性、正在侵犯你的色狼！切记，机会只有一次，失手的话，对方将会加强防备，你就没有机会再次突击了。

突击的口诀是：兽性、突然、速度、力量。

攻击的原理是用身体的天然武器攻击对方最接近自己的身体弱点。当你被侵犯又无法逃离时，首先是将被侵犯时激发的愤怒转化为心底的兽性，告诉自己面前这只禽兽不会轻易放过你，你不想继续受到他的伤害的话，只能击倒他才能脱身，告诉自己不是他死便是你亡。当他的身体弱点接近你时，你要以最快的速度，用尽全身的力量，以最短的距离突然地打击对方那个最接近你的弱点，在生理和心理上使对方受到重创。

经验和知识可通过文字传授，突击技术却需要由师傅亲自传授，经过练习和实践才能掌握。本人传授的突击技术很简单，称为“一招三式”。无论在哪种情况和哪个位置，最终都是施展这“一招三式”，因为选择越多反应会越慢，多一个选择便会产生犹豫，不能立即反应。通过重复练习，“一招三式”将会转化成为肌肉记忆，运用时完全由感觉和意念引导，不需思考就可以本能地自动反应，重创对方之后便立刻逃离！

整个防狼自救系统强调的是：可逃便逃、离身勿攻、贴身即攻、越贴身越易击中。

相关的技术和“一招三式”，将在“女子防狼自救术”培训中传授。这套技术很简单，首先要克服心理恐惧，然后快速地用尽全力拍打，教练会穿着全身护具让学员实习，掌握相关技术之后，重复练习直至成为肌肉记忆。

受制于人时的选择

当受制于坏人时，应该选择顺从还是反抗和突击呢？

就如香港警察忠告市民一样："在安全的情况下才能高声求救或报警。"所以，在对方用利器威吓或受到暴力对待时切勿反抗，因为色狼在情急之下可能会对你造成更大的伤害。

一般男性都是吃软不吃硬的，顺从他们时色狼的戒心会逐渐放松，你才有机会伺机逃走或求救。在没有把握时，应遵循"以不变应万变"的原则来面对，直到自己适应了环境和情况之后再作反应，将自己受到的伤害减至最低。

当色狼将内外裤都脱至膝部准备侵犯你时，这是你逃跑的黄金时机。你可以找一些借口，当对方不再压着你时便拔足狂奔，因为对方需要拉上裤子才能追赶你，这数秒时间已足以让你脱身了。

第六章

主动面对篇

面对和解决问题

在此，我要指出一个事实，不少受害者的危机意识、观察能力和应变能力都很差。受害者在遇事和受袭时都不知所措而任由坏人摆布。更可悲的是，很多受害者在事后还不知怎样处理而让坏人消遥法外。更有甚者，不少受害者在事后还不断受到同一坏人的欺凌、摆布、威胁，令痛苦延续和扩散！

就“主动”这方面而言，请记着：“遇事不能怕事，狭路相逢勇者胜！”事情发生在自己的身上是不能逃避的，你的反应将会影响着以后发生的事情。如果你退缩逃避，继续被动地任由对方摆布，色狼将会按照预定的计划侵犯你。

侵犯者极有可能在附近居住或经常在附近活动，头次侵犯可能只是一个开始。成为被侵犯的对象，背后必有原因，如果不勇于面对、不正视的话，必定还会遭遇侵犯。届时侵犯者将食髓知味，变本加厉地侵犯，等到那时伤害将更深，所以绝对不能逃避。

事情发生了就需要处理，这是心态问题；是否有能力处理，效果如何，则是技术问题。请记住，反正事情迟早都会发生，凡事都会有第一次。只要相信自己的能力，用正面心态去面对，大胆全力以赴，技术方面的问题自然会有方法改善和随着经验提升的。

相反，当你勇于面对，行为表现出乎对方意料之外时，对方就会犹豫和停止侵犯，而重新思考下一步行动。你主动的行为将会扭转劣势，制造逃离甚至拘捕对方的机会。以前面的案件为例，除非为了保护自己或阻止对方离开，否则最好不要与对方打斗，建议高呼求助或立刻要求路人协助报警和制止对方离开，让警方帮你处理好了。

受害者应做和不应做的事

没有人会相信自己会成为受害者，所以一般不会去学习预防的措施，出事时和出事后更不懂得如何反应了。请你抱着学习急救一样的心态来学习一些防狼技巧吧，以便在出事时能助己助人。

出事时应该做的事情

受制于色狼时应该顺从还是应该反抗呢？这个问题备受争论。在前文“受制于人时的选择”中笔者已经给出建议了：顺从可以降低施暴时受到的伤害，先顺从然后伺机逃走；在武器和暴力之下只能采用保护姿势保护自己，不应反抗。

1. 高呼求救是一种本能反应，可以引起邻居或路人的注意而吓退施袭者，只要机会合适就可以突击色狼然后逃走。
2. 在适当的时候要做出反抗，阻止色狼得寸进尺、为所欲为，用言语和行动让色狼冷静下来，告诉对方悬崖勒马就不会身陷囚牢。
3. 无法脱身时也要尽量保住贞操。
4. 观察和牢记色狼的各项特征，例如：
    - 身高、体重、体形、脸型、发型。
    - 服装、饰物或携带的物品。
    - 身体上的特殊记号，如痣、胎记、疤痕或金银假牙。
    - 特别行为习惯，如左撇子或其他怪癖。
    - 说话内容、口音、腔调。

出事时不应该做的事情

1. 如果被对方掩嘴或卡住脖子时，不要继续呼叫，不然色狼会继续施压，你就有可能会窒息死亡。
2. 不要胡乱挣扎和反抗，除了浪费气力，还会激怒色狼伤害你。
3. 不要用言语刺激对方，遇到变态色狼时，性命将不保。

事后应该做的事情

1. 要勇敢面对，将色狼绳之于法。
2. 保证自身的安全，保存证据，尽早把事情告诉给自己信任的人，及时投诉和报警，而且要毫无隐瞒地将事情始末告知警方。
3. 接受医疗检查，因为被侵犯时可能因惊吓而没有察觉自己已受伤。

事后不应该做的事情

1. 不要移动或再触摸任何现场器物，以保持现场原状。
2. 不要更换衣物，找一件外套或大衣裹身。
3. 不要冲洗身体，保留身上的证据。
4. 不要忍气吞声，色狼绝不会放过轻易到嘴的猎物，必定会再次侵犯你。
5. 忍气吞声只会让更多人受害，使事件恶性循环下去。

警方的查案程序

绝大多数受害人都不希望事件被别人知道，期望事件静静地过去，所以不愿意报警求助。

前文已经分析过，以上只是受害人一厢情愿的想法。色狼会利用将事情公开来威胁受害人，让事件没完没了。唯一的方法是面对，将色狼绳之于法，他才会从受害人的生活圈子里消失。

当你了解警方的调查程序之后，你就不会害怕而勇于求助了。

当警方接到强奸案的报警，会立即安排一名女警陪伴受害人，面见和录取证供都是由女警负责进行。受害人会从现场直接被送往医院，由法医诊断和搜集证据。法医会在女警的陪伴下检查受害者全身留下的伤痕和证据。这些过程会拍照存档，作为呈堂证据。衣物和接触过的物件都会送往化验所进行鉴证。

其他警察会封锁案发现场进行搜证，根据获得的资料追捕色狼。抓捕色狼后会强制检查其全身和采集毛发及精液样本供鉴证，同时还会将有关的衣物和接触过的物件送往化验所进行鉴证。

善后服务对受害人至为重要。医护人员会安排受害人服食紧急避孕药，并用药物消除染上性病的风险，解除受害人心理上的恐惧。遭到性侵的受害人，通常会在心理上受到创伤，专业人员会提供心理治疗，协助她们心灵上的康复。除了受害人外，受害人的家人或友人的心理上也会受到创伤，因此必须一并向辅导人员请求支援。

警方还会为受害人安排临时居所，让她度过困难时期。由于警察不能向媒体披露受害者的身份，所以不用担心报警后事情会让别人知道。

后记

本书介绍了不少真实案例，告诉你性侵犯无处不在，处处充满危机，然而，你也不用因此抗拒所有男性。只要做好预防措施，提高警惕，观察他们的行为，就能保护自己。

感觉身边有色狼但无法避开的女士，可以参加“女子防狼自救术”的突击培训。熟读此书的读者只需接受三小时培训，学习“一招三式”，然后不断重复练习直至成为肌肉记忆，从此就能终身受用。

本人相信一定有色狼细读这本书，在此告诫各位，侵犯女性只会让内心极度空虚，并不能得到女性的爱。事实证明，男人最终需要的不是性，而是爱！而爱绝不能从强迫和侵犯中获得，只有你先付出，才能得到女性的爱。

侵犯女性绝对是一条不归路，除了不能获得满足之外，还会让你如上瘾一般深陷泥潭。监狱中的强奸犯们都是从非礼开始逐渐发展为强奸的，他们大部分都侵犯过多名女士或先后多次侵犯同一名女士，最终“上得山多终遇虎”而身陷牢狱。这些人出狱之后，强奸案底将伴随他们一生，终生前途尽丧。

一念天堂，一念地狱，奉劝色狼们行事前一定要考虑后果，相信没人愿意成为一名失去自由的强奸犯吧。笔者言尽于此了。